너의 꿈을 응원해

너의 꿈을
응원해

너의 꿈을 응원해

2023년 12월 27일 초판 1쇄 발행

지은이 이기순
펴낸이 정영구
펴낸곳 누림과이룸
편   집 전정숙 성시형
등   록 제25100-2017-000010

주   소 서울시 동작구 사당로27길 78(사당동) 501호
전   화 02-811-0914
이메일 zeronine86@hanmail.net
페이스북 facebook.com/nurimiroom

디자인 최중천
인   쇄 디자인화소

ISBN 979-11-91780-11-6
정 가 15,000원

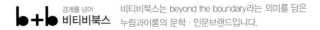

경계를 넘어
b+b 비티비북스   비티비북스는 beyond the boundary라는 의미를 담은
누림과이룸의 문학 · 인문브랜드입니다.

너의 꿈을 응원해

이기순 지음

b+b btb books

답이 없어도
결코 포기할 수 없는

향기는 절로 온다.

굳이 입을 열어 말하지 않아도, 애써 태도로 보여주지 않아도 향기는 사람과 함께 절로 온다. 그녀의 향기가 그랬다. 아이들을 아끼고 사랑하는 마음이 그녀의 눈빛에서 저절로 읽혔다. 그 처음 순간을 잊을 수가 없다.

부산의 한 언론사에서 대표로 일하던 시절. 창의적 콘텐츠 독려를 위해 전국 학생들을 대상으로 웹툰대회를 기획했다. 그런데 모 단체에서 연락이 왔다. '초·중·고' 부문으로 참여자들을 나누어 만든 포스터를 수정해 달라는 요청이었다. 학교 밖 청소년들이 참여하려면 '초·중·고' 부문으로 나뉘어 있는 울타리가 없어야 한다는 것.

4

생각지도 못했다. 일리 있는 지적이 인상적으로 다가왔다. PD들에게 포스터를 수정하라 지시하며 문의한 단체가 어디인지, 단체의 수장이 누구인지를 파악하라 했다. 그리고 시도한 인터뷰. 그렇게 인터뷰의 주인공으로 등장한 그녀는 한국청소년상담복지개발원 이사장 이기순, 그것이 그녀와의 첫 만남이었다.

녹화 스튜디오에 들어서는 그녀의 선한 눈매를 보며 첫인상부터 품 넓고 관대한 '모성 리더십'의 단어를 떠올렸다. 아이를 사랑하는 마음, 가족을 걱정하는 마음, 세상을 이해하는 마음이 단번에 읽혔다. 그 인연은 지금도 이어지고 있다.

그녀와 만날 때면 세상을 다 구할 것처럼 이웃을 걱정하고 이 땅 청소년들을 염려하며 교육 이야기로 시간을 보낸다. 사각지대에 몰린 다문화 가족을 돌아보고 육아의 현실에 한숨짓는 후배들을 생각하고, 능력 있는 여성들의 경력단절에 안타까운 마음을 함께 모은다. 이런저런 염려로 세상 슈퍼맨이 되었다가 '답이 없어도 결코 포기할 수 없는' 이야기에 눈물짓기도 한다.

방송사에서 일하며 잊혀선 안 되는 다양한 사회 이슈들로 다큐멘터리를 연출했다.

북한, 통일, 성매매, 파양, 난민 등 단어만으로도 생각이 많아지는 다큐를 제작했는데 늘 마음을 끌었던 이슈는 교육이었다. 많은 이들이 열망하는 아이비리그를 취재했고 사교육 경쟁으로 아찔한 현장을 만났고 자살하는 아이들의 한 맺힌 부모를 취재했으며 현실에 무너지며 방황하는 청소년을 만났다. 걷잡을 수 없는 아픔이 몰려왔다. 그 안에는 늘 가족과 청소년이 있었다.

그런 청소년의 이야기를 담은 것이 그녀의 첫 책이었다. 방황하는 청소년들의 아픔을 결코 외면해선 안 된다는 호소. 첫 책 〈얼마나 힘들었니?〉를 받아 든 순간 그녀의 묵직했던 마음이 읽혔다. 학교 밖 청소년의 고통을 보듬기 위해 걸어온 시간이 제목만으로도 전해졌다.

그리고 이어진 이번 책 〈너의 꿈을 응원해〉를 탐독하며 마음 깊은 곳이 자꾸 아렸다. 가족과 여성, 청소년 등에 관한 사회 문제들은 결국 내 가족의 이야기요, 내 이웃의 이야기였다.

무엇이 우리에게 평범한 보통 가족을 이룰 기회를 박탈하는가.

은둔 청소년, 외면당하는 다문화 가족, 힘든 공동 육아, 끊임없는 저출산, 두려운 고령화…, 뒤엉킨 문제의 실타래들이 가족의 그림을 변화시키고 있다. 그 해결의 시작은 어디인가?

이 책은 반드시 기억해야 할 사회 속 이슈들을 다루며, 결코 포기할 수 없는 우리의 이야기들을 경험 속의 지혜로 풀어내고 있다. 울타리 밖의 청소년을 보듬고, 무너지는 가족의 담장을 다시 세우며, 고된 육아를 함께 거들어 저출산의 위기를 풀어가자고, 그렇게 모두의 숙제를 돌아보자고 호소하고 있다. 책장을 펼치는 것만으로도 문제 해결의 한 배를 타게 된다.

여성과 가족에 관련된 일 속에서 변함없이 달려온 그녀의 지난 발걸음에 지지와 응원을 보낸다. 이 땅 같은 엄마로서, 동시대를 살아가는 여성으로서, 워킹맘 후배로서 나는 앞서가는 선배님인 그녀가 매우 자랑스럽다.

언젠가 식사 자리에서 딸의 이야기를 하던 그녀의 눈빛이 반짝 빛이 났다.

"내 딸이지만 지혜로울 때가 있다니까. 나는 내 딸한테 인생 멘토링도 받아요. 어리다고 해서 절대 무시할 수 없어요. 아이들의 이야기를, 청소년의 이야기를 귀담아들어야 해요. 관심 가지고 마주하다 보면 아이들이 얼마나 대단하고 성숙한지 알게 되거든!"

관심을 외치며 그녀가 미소 지었다. 이 땅 모든 가족과 청소년의 안녕을 바라는 그 간절함을 잘 알기에 절로 미소로 화답했다.

말릴 수 없는 일에 대한 강한 열정, 세상 약자에 대한 드높은 관심, 외로움 가득한 그늘 속 청소년들과 여러 가족에 대한 관대한 사랑이 두루두루 담긴 이 책의 갈피 갈피를 펼쳐보라.

보이지 않는 곳에서 들려오는 폭풍 같은 강렬한 호소를 마주할 터.

더불어 그녀를 믿노니. 책 속의 마음 그대로, 변함없이, 거침없이, 주저함 없이, 뜨거움으로 오늘 마주한 그 마음을 지켜가리라.

유정임

작가, 채널 리스펙에듀 대표

전 뉴스1 부산 경남 대표

이기순과 함께하면, 꿈이 이루어진다

　이기순이라는 인물과 우연히 만날 기회가 여러 번 있었다. 그때마다 그의 열정과 특히 에너지 넘치는 모습에 매료되고는 했다. 한국에서 청소년 문제, 가족 문제, 여성 문제를 해결하는 것을 자신의 인생 목표로 세우고 헌신한다는 것이 얼마나 어려운 일인지 모르는 사람은 아마도 없을 것이다. 결혼하고 아이를 낳고 키우면서 전문직 여성으로 살아온 이들이라면 더욱 공감할 것이다. 그의 글을 읽어보면 온갖 개인적인 희생을 무릅쓰고 '그가 만들고 싶어 하는 세상'이 바로 '우리가 만들고 싶은 세상'이라는 것을 금방 알 수 있다. 이 책은 '그 세상'에 관한 이야기이다.

그가 지난번에 써낸 책 〈얼마나 힘들었니?〉는 힘들고 어려운 상황에 놓인 청소년들을 위로하고 힘을 내도록 격려하는 책이었다면, 그것의 후속편이라고 할 이 책 〈너의 꿈을 응원해〉는 그들 자신이 주체가 되어 삶을 개척하는 방법에 관한 책이다. 우리 사회의 사각지대에 놓인 청소년들, 빠르게 변화하고 있는 다양한 가족 형태 속에서 고통받고 있는 가족들, 일과 육아 사이에서 힘들어하는 부모들을 돕는 다양한 프로그램들이 끝없이 펼쳐져 있다. 그런 프로그램 거의 모두에 이기순의 눈물과 땀, 숨결이 느껴진다. 이 책은 이기순이 이 나라의 모든 가족, 청소년, 부모를 위해 평생에 걸쳐 싸워온 분투기이다. 아직도 막막한 안갯길을 걷고 있을 많은 이들은 누구나 이 책 안에서 희망의 나침반을 발견할 수 있을 것이다.

특히 이 책에서 "평생 일하면서 자녀를 키우다–나의 아버지, 어머니, 그리고 시부모님", "세상의 모든 딸, 그리고 엄마에게–딸이 엄마에게 하는 멘토링", "세종시와 나의 인연', 이 세 편의 글에는 인간 이기순을 이해할 수 있는 키워드가 담겨 있다. 그 핵심은 혼자서는 도저히 감당할 수 없을 것 같은 일들도 모두가 함께하면 충분히 해낼 수 있다는 확신이다.

오늘날 한국은 합계출산률 0.7이라는 초저출산의 늪에 빠져 있다. 그뿐만 아니라 나아질 기미조차 전혀 보이지 않는다는 것이 더 큰 문제이다. 이대로 가다가는 정말 큰 위기가 닥칠 것이라고 걱정하는 사람들이 많다. 이 문제는 여성-가족-청소년 문제가 얽히고 설켜 나타난 현상이다. 이 문제를 제대로 이해하고 해결하려면 여성-가족-청소년 문제에 충분한 지식과 경험을 갖춘 사람이 있어야한다. 이기순은 지난 35년 넘게 공직자로서 여성-가족-청소년 문제에 매진해온 사람이다. 그리고 무엇보다 우리가 다 함께 뜻을 모으고 함께 노력하면 불가능해 보이는 것도 결국 이룰 수 있다는 것을 항상 증명해온 사람이다.

우리가 살고 싶은 세상을 꿈꾸면,

그리고

이기순과 함께하면, 꿈이 이루어진다!

김선택
고려대 법학전문대학원 교수,
전 국무총리 소속 양성평등위원회 위원

35년 넘게 쌓아온
경험과 전문성이 파노라마처럼

〈너의 꿈을 응원해〉는 위기 청소년들의 이야기를 다룬 전작 〈얼마나 힘들었니?〉에 이은 작가의 두 번째 책이다. 작가는 이 책에서 부처와 현장을 넘나드는 35년 넘게 공직생활을 통해 얻은 경험과 전문성을 바탕으로 여성가족부의 정책을 파노라마처럼 펼쳐 놓고 있다. 덕분에 여성과 청소년 그리고 가족의 문제가 어떻게 서로 연결되어 있는지 한 장의 사진처럼 눈에 들어온다. 경험만으로는 할 수 없는 일이다. 전문성에 애정이 잔뜩 담겨 있기에 가능한 일이다.

글 중간중간에 가족애 가득한 가족사가 등장하는데, 한 공직자의 삶과 정책과 조화롭게 교차하며 독자의 호기심을 끌어당긴다. 청소년, 여성, 가족에게 가장 필요한 것이 바로 그들의 이야기를 들어주는 일이라는 것을 작가의 가족사를 통해서도 체감할 수 있었다. 저자가 돌아가신 아버지에게 쓴 편지가 뭉클한 감동을 주고, '백팩 이야기'는 공직자들에게 본보기가 된다. 그 백팩 속에 꼬깃꼬깃 넣어두었던 워킹맘으로, 공직자로, 또 청소년과 가족, 여성을 위해 최전방을 지켜온 저자의 이야기로 가득한 이 책 속으로의 여행을 모두에게 권하고 싶다.

　정책을 좀 더 깊이 있게 이해하고, 그 정책이 우리들의 삶과 어떻게 맞닿아 있는지도 생각해볼 수 있기에 공직자들은 물론, 현장 전문가들과 연구자 그리고 학생들에게도 꼭 권하고 싶은 책이다. 특히 공직자들에게는 저자처럼 자신의 삶과 일을 아름답게 정리해보시라는 말도 해주고 싶다.

김현철
한국청소년정책연구원장

함께 꿈꾸면
내가 살고 싶은 세상을 만듭니다

여성과 가족, 청소년을 위한 정책을 다루는 부처의 공무원으로 거의 평생을 살면서 현장에서 여러 계층의 다양한 분들을 만나 그분들에게 필요한 지원대책이 무엇일까를 늘 고민하며 살아왔다. 한국청소년상담복지개발원 이사장 재임 시절 펴낸 〈얼마나 힘들었니?〉라는 책은 그 결과물의 하나다.

학교 밖 청소년, 가정 밖 청소년, 학교폭력피해 청소년 등 사회적 지원과 도움이 필요한 청소년들의 문제를 다룬 책 〈얼마나 힘들었니?〉의 제목은 자살, 자해하려는 청소년들이 가장 듣고 싶어 하는 위로의 말로 지었다. 자해나 자살을 감행했던 청소년들은 대부분 학교폭력을 당했거나, 부모의 관심을 받기보다는 비난을 당했던 경험이 많았다. 그 때문에 느끼는 스트레스나 부정적인 정서, 억눌린 감정 등이 자살이나 자해의 직접적인 원인이 된다. 이런 청소년들은 주변에 있는 사람 중 누구라도 자신의 힘든 상황을 진심으로 공감해 줄 때 부정적인 감정에서 빠져나와 자신을 돌볼 힘을 얻는다고 한다. "왜 그런 행동을 했냐"고 따져 묻거나 야단치지 말고 "네가 정말 힘들었구나" 하면서 무슨 일이 있었는지, 왜 힘든지를 물어보며 관심을 보이고 이야기를 들어줄 때 위로받는다는 말이다.

청소년 쉼터에 머무는 가정 밖 청소년 중 절반 이상은 부모나 보호자의 폭력을 견디다 못해 집을 나온 경우이다. 흔히 청소년이 집을 뛰쳐나왔다고 하면 그들의 잘못이라고 섣부른 편견으로 판단할 때가 적지 않다. 하지만 다양한 가정폭력의 피해자들이 상당한 가출 청소년들은 누구보다 건전한 가정의 보호가 절실한 아이들이다. 다행히도 청소년 쉼터가 이들에게 따뜻한 보금자리가 되어 주어 어려움에 빠진 청소년들이 자신의 인생을 포기하지 않고 다시 제 길을 찾아 나설 힘을 얻어 간다.

청소년 문제 중 대부분은 가족 문제에서 비롯되는 경우가 많다. 그래서 청소년 문제를 해결하기 위해서는 문제의 청소년 당사자뿐만 아니라 가족 구성원들 간의 내부 문제가 치유되고 해결되는 것이 더 근본적인 처방이 될 수 있다.

현재 우리 사회의 가족들은 어떤 모습으로 살고 있을까? 행복한 삶을 누리고 있을까? 가족 구성원 누구나 행복하게 살기를 열망하지만 저마다 다양한 문제로 씨름하며 힘들어하는 경우가 더 많은 듯싶다. 한국사회가 너무 빠르게 변화하기 때문이다. 그것은 가족 형태의 변화로도 드러난다. 우리 사회에서 전형적인 가족 형태라고 생각했던 부부와 자녀로 이루어진 가족이 점점 줄어들고 있다. 2022년 현재 5인 이상 가구가 제일 낮은 비중(3.7%)을 차지하고 있으며, 그다음으로 4인 가구(13.8%), 3인 가구(19.2%), 2인 가구(28.8%), 1인 가구(34.5%) 순이다. 1인 가구가 대세인 시대에 살고 있으며, 한부모 가구도 전체 가구의 대략 6.7% 정도를 차지하고 있다.

1인 가구의 증가와 맞벌이 부부가 늘어나면서 과거처럼 가족 안에서 자녀 양육, 노인 돌봄 등의 문제를 자체적으로 해결하기가 어려워졌다. 특히 맞벌이 가구의 자녀 양육지원은 개별 가족의 문제가 아니라 사회 전체가 관심을 기울여야 할 국가적 과제가 되었다. 페스트가 창궐하는 중세 유럽보다도 인구 감소가 더 심각하다며 한국 소멸을 우려하는 외신 기사들까지 나는 상황에서는 더욱 그러하다. 그래서 정부는 보육지원, 아이돌봄 지원, 초등돌봄 지원의 확대 등 각별한 노력을 기울이고 있다. 아이를 키우면서 일도 잘할 수 있는 사회를 만드는 것이 지금의 저출산 문제를 극복하는 가장 중요한 해

법으로 여겨진다. 게다가 양부모 가족보다 경제적으로 더 어려운 한부모가족의 자녀 양육을 지원하는 것도 매우 중요한 과제이다.

한편, 다문화가정의 자녀들도 이제 영유아기를 지나 초등학생, 중학생 청소년으로 성장하고 있다. 교육부와 한국교육개발원에서 시행한 '2023년 교육기본통계' 조사 결과에 따르면 2023년 4월 1일 기준, 다문화 학생 수는 18만여 명으로 전체 학생의 3.5%를 차지하고 있다. 이들이 차별받지 않고 건강한 대한민국 시민으로 잘 성장할 수 있도록 지원하는 것 또한 매우 중요하다. 다문화 아동·청소년의 경우 학교생활 부적응 등으로 동일 연령대 전체 아동·청소년 대비 고등교육기관 취학률 격차가 2021년 기준 31%(전체 취학률 71.5%, 다문화 가족 40.5%)이다. 그래서 다문화 아동·청소년들을 위한 학업과 진로 등 맞춤형 지원이 지방교육청 수준을 넘어서 범정부적인 차원에서 더욱 촘촘한 지원을 할 필요가 있다.

이번에 두 번째로 쓴 이 책에서는 이런 다양한 가족 구성원들이 직면하고 있는 어려움과 이를 해결하고 지원하는 정책 내용을 청소년, 가족 분야로 나누어 살펴보면서, 저출산 극복을 위해 필요한 대책들도 소개하려고 한다.

이번 책에서 소개하는 다양한 형태의 가족들과 사각지대에 있는 청소년들이 구김살 없이 행복하게 잘 살 수 있도록 지원하는 것이 평생 이 분야의 정책을 만들어 왔던 나의 궁극적인 인생 목표이기도 하다.

우리는 섬이 아니다. 우리는 느슨하게 서로 연결된 존재들이다. 어려운 일에 직면했을 때 그 어려움을 돌파하는 데 내 가족만이 아니라 내 이웃이 힘이 되어 줄 것이라는 믿음, 더 나아가 지방정부와 중앙정부도 함께 나서서 그 문제를 해결해 줄 것이라는 기대와 신뢰가 필요하다. 그런 믿음과 신뢰가 고난 극복의 근본적인 힘이 되는 사회는 건강하다. 따라서 가족 안에서 자체적으로 풀기 어려운 문제들은 지방자치단체와 공공기관 등이 중심이 되어 다양한 가족 형태에 맞는 맞춤형 서비스를 제공해야 한다. 개인이 홀로 외로이 사는 것이 아니라 서로 연결된 사회를 만들어 가는 것, 지역사회가 다양한 형태의 가족들에게 필요한 정서적 지지와 경제적 지원 등을 함으로써 모든 가족이 살맛 나는 세상을 만드는 것이 내가 꿈꾸는 사회이기도 하다. 이는 가족 내에 문제가 생겼을 때 지역사회가 유기적으로 연결되어 해결해 나가는 돌봄공동체가 작동하는 사회이기도 하다. 즉, 맞벌이 부부가 아이를 돌보고 교육하는 문제 때문에 직장을 포기하거나 아예 출산을 포기하지 않도록 지역의 육아 지원과 방과 후 돌봄 시스템이 잘 갖춰진 사회가 되어야 한다. 1인 가구를 위한 병원 동행, 한부모가족을 위한 자녀 양육지원 등 혼자 하기 어려운 다양한 생활문제를 지원하며, 독거노인 등이 고독사하는 일이 없도록 촘촘히 보살피는 돌봄시스템을 갖춘 사회를 의미한다. 특히 자라나는 청소년들이 어떤 가정에서 태어나든 발달 과정에 맞는 보호와 지원을 받으며 자신의 꿈을 키우고 펼쳐나갈 수 있는 사회를 만드는 것은 저출산 시대에 출산율을 높이는 것 못지않게 중요한 일이다. 이 같은 사회는 개인을 넘어 지역사회와 국가가 모두 함께 힘을 합쳐야 실현할 수 있을 것이다. 다 같이 꿈을 꾸고 함께 노력해야 한다. 이 책이 그런 건강하고 아름다운 사회를 만들어 가는 데 작은 시작이 되기를 기대해 본다.

끝으로 책을 집필하는 과정에서 도움을 준 여성가족부 직원들에게 감사를 보낸다. 동료이자 선후배인 여성가족부 직원들이 발간한 정책자료, 한국청소년상담복지개발원, 한국청소년정책연구원 등의 연구·발표자료, 사례와 수기집 등이 큰 도움이 되었다. 여성가족부 산하의 기관 중 청소년, 가족들과 이들을 지원하는 실무자들의 조언과 현장의 목소리도 반영하기 위해 노력했다.

늘 든든한 지원군이 되어주는 우리 가족에게도 감사의 마음을 전한다. 언제나 따뜻한 격려를 아끼지 않는 남편 임헌문 씨와 백령도에서 군인의 직무를 다하고 있는 아들 경수, 때때로 나의 멘토가 되어주는 사랑스러운 딸 경진이가 늘 함께 해주어 나는 힘든 순간에도 주저앉지 않고 뚜벅뚜벅 목표를 향해 걸어갈 수 있었다.

　평생 직장생활을 해온 나에게 넘치도록 큰 사랑을 주시며 넉넉한 품을 내어주신 조치원에 계시는 시어머니 안옥근 여사와 친정어머니 민옥순 여사께도 깊은 감사와 존경의 마음을 전한다. 여성인 내가 한국사회에서 꿈을 펼치기 위해 다른 여성들, 특히 두 어머니의 도움을 많이 받았다.

2023년 12월 15일

이기순

차 례

3장

아이 낳고 키우는 일에 진심인 이유
저출산 시대의 자녀 양육

에세이 모음

맺음말

※ 책에 소개된 사례는 특정 인물이나 실제 사례가 아니라, 실제 사례들을 종합
한 뒤 약간의 허구를 더해 재구성한 내용임을 밝힙니다.

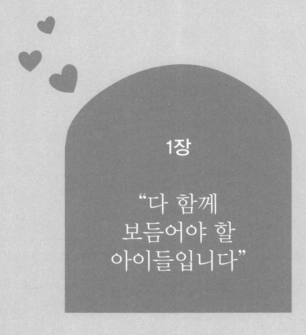

1장

"다 함께
보듬어야 할
아이들입니다"

사각지대 청소년 이야기

엄마의 마음으로 걸어온 길

청소년정책 기본계획을 만들다

　1987년 문화체육관광부에 공무원으로 입직한 나는 2년간 국립중
앙박물관에서 홍보업무를 담당하다 1989년 정무장관(제2)실로 자리
를 옮겼다. 좀 더 보람 있는 일을 하고 싶었기 때문이다. 그 당시만
해도 여성공무원은 문화체육관광부 본부로 발령나는 걸 기대하기가
어려웠다. 어떻게 하면 공무원으로 일하면서 동시에 사회에 도움되
는 일을 할 수 있을지 고민한 끝에 결국 부처를 옮겼다. 이후 나는
정무장관(제2)실에서 여성, 노인, 아동, 청소년 등 다른 부처에서 다
루지 못하는, 소위 사각지대에 놓인 업무들을 맡았고 정부조직 개편
으로 대통령직속여성특별위원회를 거쳐 여성가족부와 산하 공공기

관에서 35년 넘게 여성, 가족, 청소년정책 전문가로 일해 왔다.

내가 본격적으로 청소년 문제에 관심을 두기 시작한 것은 2017년 9월부터 2018년 11월까지 청소년 가족 정책 실장으로 재임하면서부터였다. 2017년 9월 1일, 부산지역 중학교 3학년 여학생 세 명이 후배 2학년 여학생을 인근 공장으로 끌고 가 피투성이가 되도록 집단 폭행한 사건이 발생했다. 중학교 3학년 학생이 저지른 일이라고는 믿을 수 없을 정도로 그 폭행 정도가 심했고, 폭행 피해 장면을 촬영해 공유하기까지 이 사건은 사회적 공분을 일으켰다.

정부는 갈수록 잔혹해지는 학교 폭력을 어떻게 예방할 수 있을지 대책 마련에 몰두했다. 청소년 주무 부처인 여성가족부가 중심이 되어 대책을 만들기로 했다. 이미 국가청소년위원회에서 지역의 청소년 안전망으로 위기청소년 통합지원체계를 구축했지만, 청소년의 폭력, 자살, 자해 문제를 예방하기에는 역부족이었다. 청소년이 폭행으로 다치고, 카톡방에서 집단따돌림을 당하고, 이런 장면이 영상으로 인터넷에 유포된 후에야 학교나 청소년 관련 기관이 알게 되는 것이 가장 큰 문제였다. 사후에 피해자를 치유하고 가해자를 처벌하더라도 이미 너무 때가 늦어버리는 사례가 비일비재했다. 청소년 문제를 다루는 청소년상담복지센터, 청소년쉼터, 경찰관서, 교육청, 학교 등이 서류상으로는 연결되어 있으나 각 기관이 유기적으로 연결되어 있지 않아서 실제 사건이 발생했을 때 제때 개입하지 못하는 것이 신속한 사건 대응의 주요 실패 요인으로 지적되었다. 문제가 더 커지기 전에 미리 발견하고 더 큰 사고를 예방하는 것이 가장 큰 숙제였다. 나는 고민 끝에 청소년정책 연구자, 현장에서 오래 일해 온 전문가들로 구성된 「청소년정책 전략 TF」를 만들었다. 2017년 9월부터 12월까지 주말을 반납해가며 전문가들과 머리를 맞대고 토론하고 연구하면서 6차 청소년정책 기본계획과 위기청소년 지원 대책을 만들었다.

당시 제안된 주요 대책의 골자는 각 기관 간의 유기적 연결고리가 끊어지지 않도록 청소년 사회안전망을 촘촘하게 만들고, 수요자인 청소년을 중심으로 사업을 개편하는 것이었다. 즉, 청소년이 쉽게 접근할 수 있는 청소년 센터를 늘리고, 한 장소에서 다양한 시설을 이용할 수 있도록 통합적인 형태의 청소년 시설을 단계적으로 만들어 가는 방안을 의논했다. 또 청소년의 이야기를 들어주는 창구로서 인터넷, 카카오톡, 전화 상담이 가능한 1388 청소년 상담센터의 확충을 협의했다. 더불어 학교를 그만둔 청소년도 제대로 성장할 수 있도록 지원을 강화할 것을 제안했다.

2017년 12월 연말과 2018년 연초에 각 기관의 의견수렴과 대국민 공청회를 거쳐 드디어 2018년 3월, 6차 청소년정책 기본계획이 수립되었고 곧바로 실행되었다. 이후 다행스럽게도 많은 청소년 현장에서 긍정적인 변화가 일어났다. 대한민국 청소년을 위해서 전문가와 각 분야 관계자가 주말 없이 치열하게 고민했던 시간이 헛되지 않은 결과였다.

거기서 끝이 아니었다. 6차 청소년정책 기본계획이 마무리되는 시점인 2022년 5월 나는 여성가족부 차관으로 임명되었고 다시 7차 청소년정책 기본계획 수립에 참여했다. 6차 청소년정책 기본계획을 마련했던 2018년(전체 인구 대비 청소년 인구 17.5%)에 비해 2022년에는 청소년 인구가 더 감소했고(전체 인구 대비 청소년 인구 15.8%) 지역의 인구 소멸도 가속화되었다. 가정 밖·학교 밖 청소년은 코로나19 시기에 일시적으로 감소했으나 다시 증가 추세로 돌아섰으며, 다문화 청소년의 규모와 비중 역시 지속적인 증가 추세를 보였다. 다문화 학생 수는 2017년에 100,987명으로 전체 인구의 1.9%를 차지했으나 2023년에는 181,178명으로 전체 학생의 3.5%로 늘어났다. 더 심각한 것은 코로나19 사태가 시작되면서 아동·청소년의 우울증이나 불안장애가 늘어났고 안타깝게도 청소년 자살도 증가 추세였다. 또한 아침 식사를 거른다거나 안 좋은 식습관으로 비만율이 높아지는 등 신체 건강 관련 지표 또한 전반적으로 나빠지고 있었다.

당연히 7차 청소년정책 기본계획의 목표는 달라져야만 했다. 그래서 7차 청소년정책 기본계획에서는 "행복한 일상을 누리는 청소년", "현재와 미래를 주도하는 청소년"이라는 비전 아래 5대 분야

(활동, 복지, 보호, 참여·권리, 추진기반)에서 13개 중점 과제와 137개 세부 과제를 수립했다. 청소년 활동 시설·프로그램과 학교 간 연계를 강화하고, 디지털 세대인 청소년의 특성을 반영한 활동 프로그램 마련과 더불어 활동 공간도 새롭게 단장하기로 했다. 청소년의 디지털 역량을 높이기 위한 특화 교육을 강화하는 것 역시 중점 과제에 포함되었다. 위기청소년을 조기에 찾아내고 청소년 안전망 플랫폼을 고도화하는 사업, 그동안 지원대상에 포함되지 않았던 은둔형 청소년과 가족을 돌보고 있는 청소년도 주요 지원대상에 포함했다.

직원에게는 성취동기를,
청소년에게는 상담과 복지를 동시에
한국청소년상담복지개발원

2018년 11월 12일은 내 인생에서 특별히 기억하는 날 중 하나이다. 그 날의 설렘이 아직도 생생하다. 내가 부산에 있는 한국청소년상담복지개발원의 제10대 이사장으로 취임한 날이기 때문이다. 이후 3년간 공공기관장으로 활동했는데, 솔직히 32년간 내 몸같이 익숙해져 버린 공직의 옷을 벗고 공공기관장으로 변신하자니 문득 만감이 교차했다. 대학을 졸업하자마자 25살 때부터 공직생활을 시작했던 터라 갑자기 공직을 떠나게 되니 왠지 서운한 마음도 들었고, 가족이 있는 서울을 떠나 낯선 부산에서 생활하게 된 초기에는 너무 외롭고 쓸쓸했다. 그러나 6개월 정도 지나니 부산 생활에도 점차 익숙해졌고 부산의 동백섬, 해운대, 미포, 문텐로드 등 아름다운 길을 걸으면서 서울에서 맛보지 못한 행복을 느끼기도 했다. 하지만 한국청소년상담복지개발원 이사장 시절이 그보다도 더 나에게 의미 있게 다가오는 이유는 중앙부처에서 일할 때와는 달리 더욱 실제 지역 현장 가까이에서 일할 수 있었기 때문이다. 한국청소년상담복지개

한국청소년상담복지개발원 제 10대 이사장 취임식

발원은 30여 년간 중앙부처의 공직자로 살아왔던 나에게 현장의 중요성을 새삼 깨닫게 해준 곳이었다.

1993년 '청소년대화의광장'으로 시작한 한국청소년상담복지개발원은 전국의 청소년상담복지센터, 학교밖청소년지원센터, 청소년쉼터 등을 총괄 지원한다. 그리고 위기청소년, 학교 밖 청소년, 미디어 과의존 청소년 지원과 더불어 청소년상담사 등 상담복지 전문 인력을 양성하는 일을 한다. 직원들 대부분이 청소년 상담 관련 학과를 졸업한 석사 이상의 전문가였고, 나는 청소년 상담에 남다른 애정과 관심 그리고 책임감을 느끼는 이들과 합심해서 무언가 만들 수 있겠다는 생각이 들었다. 하지만 기관장이라는 자리는 한 기관을 이끄는 수장인 동시에 3년 임기의 임시직이다. 끝이 있기에 인생이 매 순간이 중요한 것처럼, 나 역시 임기가 있었기에 허투루 쓸 시간이 없을 만큼 매 순간이 중요했다.

내가 기관장으로 와서 가장 먼저 했던 것은 직원들의 의견에 귀를 기울이는 일이었다. 매일 점심을 함께 먹으면서 그들의 의견을 들었다. 그 덕분에 우리 기관이 오래된 역사를 자랑하는 안정적인 기관이었지만 직원들에게 좀 더 열심히 일할 수 있는 성취동기가 필요하다는 것을 알게 되었다. 게다가 직원들의 가장 큰 불만은 자신의 의견이 위로 전달되지 않아 실행되기가 어렵다는 점이었다. 나는 곧바로 기관 혁신 TF를 만들고 고충위원회 운영을 개선해 직원들의 합리적인 의견을 듣고 실행에 옮기는 문화를 만들었다. 개발원이 상담기능보다 복지기능이 중심기능으로 자리 잡지 못한 것을 개선하기 위한 조직개편도 단행했다. 가정 밖·학교 밖 청소년을 집중적으로 지원하는 복지지원본부를 신설했고, 한국청소년상담복지개발원이 청소년 상담복지의 중추기관으로서 바람직한 위상을 확립할 수 있도록 비전을 만들어 나갔다.

나의 또 다른 목표는 모두가 즐겁게 일하는 일터 즉, 일하는 실무형 조직을 만드는 것이었다. 열심히 일하는 직원들의 승진 기회를 높이기 위해 상위직을 통합하고 실무진들이 승진할 수 있는 직급을 한 단계 더 신설했다. 또 박사 학위자에게만 자격이 주어졌던 2급 승진을 모두에게 개방했다. 3년 이상 장기 근속자에 대한 순환보직을 활성화하고, 동료평가를 비롯해 상급자와 하급자가 서로 평가하는 360도 다면평가 시스템을 도입했다. 또 직원들이 담소를 나눌 수 있는 아늑한 공간을 마련했고, 복도에는 직원들의 사진과 그림 등을 전시할 수 있는 작은 미술관을 만들었으며, 육아휴직 기간을 1년에서 2년으로 연장하는 등 직원들의 복지에도 신경을 썼다. 이런 노력 덕분인지 그동안 C등급에 머물렀던 공공기관 경영실적 평가에서 2019~2020년 연속 B등급을 달성했으며, 2020년에는 경영관리 분야에서 개원 이래 최초로 A등급을 받았다. 전 직원이 환호했고 다들 공공기관 평가에서 처음 맛보는 승리감이었다며 감동했다. 나 역시 보람을 느끼는 순간이었다.

그 외에 청소년을 다방면으로 지원할 방법도 끊임없이 모색했다. CYS-NET(위기청소년 통합지원 체계)을 청소년 안전망으로 새롭게 명명해 지자체의 참가를 강화했고, 지역사회에 흩어진 청소년 시설과 기관들을 청소년 중심의 기관으로 재정립하는 데 주력했다. 특히 코로나19로 어려움을 겪는 청소년을 돕기 위해 사이버 아웃리치, 모바일 상담 등 비대면 청소년 상담 사업을 신설했고, 자살·자해 집중심리클리닉 등 비대면 고위기 청소년 정신건강 프로그램을 강화했다. 또한 학교 밖 청소년은 그간 검정고시를 통해서만 대합 입학이 가능했었는데, 대학 수시 전형에 응시할 수 있도록 청소년생활기록부 사업을 시작한 것도 큰 의미가 있었다. 청소년생활기록부는 학교에서 작성하는 학교생활기록부처럼 학교밖청소년지원센터에서 학교 밖 청소년들이 해온 다양한 활동을 8가지 항목으로 나누어 기재하는 것이다. 그 결과 2020년 처음으로 서울과학기술대 등 4개 대학이 학교밖청소년지원센터에서 작성한 청소년생활기록부를 학교생활기록부 대체서류로 인정했다. 이후로도 점점 늘어나 2023년 11월 현재는 12개 대학에 이른다.

건전한 청소년 문화를 위해

청소년 신 · 변종 유해업소 '룸카페' 대응대책을 만들다

여성가족부 차관으로 재임 중이던 2023년 초 청소년의 신 · 변종 룸카페 업소 출입이 언론에 주목을 받기 시작했다. 언론들은 많은 룸카페가 모텔처럼 운영되고 있으며, 청소년들이 이런 곳에 드나드는데도 아무런 조치가 이루어지지 않고 있다고 보도했다. 한 언론 보도에 따르면, 강남역 부근 한 룸카페에는 출입문이 있는 방 20개가 쪽방처럼 다닥다닥 붙어 있었고, 방안에는 푹신한 매트까지 깔려 있었다고 한다. 원하면 담요도 받을 수 있었고 실내에 설치된 TV로는 성인 인증 없이도 자유롭게 OTT(온라인 동영상 서비스)를 즐길 수 있었다. 이 업소의 주요 고객은 청소년과 2030세대였는데, 업소 측에서는 청소년의 출입 검사를 따로 하지 않았다(2023. 2. 7. 중앙일보 기사 인용).

이 기사가 보도되고 나서 이틀 뒤, 여성가족부 청소년보호환경과 직원들이 실태 파악을 위해 서대문구 신촌역 일대의 룸카페를 방문했다. 서대문구청과 보건소, 서대문경찰서 관계자들도 동행했다. 점검 가능한 룸카페 몇 군데를 찾아가 보았는데 그중 한 곳은 아예 침대와 욕실까지 갖추고 모텔처럼 운영하고 있었다. 다른 곳들은 그

정도는 아니었지만 매트나 무릎담요 같은 것을 비치해 두었거나 커튼이 쳐져 있어서 안에서 무슨 짓을 하는지 볼 수 없게 해놓아 '청소년 출입·고용금지업소'에 해당하는데도 별도의 표식이 없었다. 설상가상으로 청소년들이 보드게임을 하거나 모임방으로 활용하고 있는 일부 룸카페에서 이 같은 부정적인 보도와 단속 점검에 항의했다. 한 청소년은 요즘 들어 친구들 집에 여럿이 모여 놀러 가는 분위기가 사라지다 보니 친구들과 모여앉아 치킨을 먹으며 잡담할 곳이 필요해서 룸카페를 찾게 된다고 했다.

그간 정부에서 발표한 '청소년 출입·고용금지업소 결정 고시'에 따르면 밀폐된 공간·칸막이 등으로 구획되어 있고, 침구나 시청각 기자재 등이 비치·설치되어 있으며, 신체접촉이나 성행위 등이 이루어질 우려가 있는 영업장은 청소년 출입·고용금지업소이다. 따라서 이들 업소에서는 청소년 출입·고용금지를 표시, 부착해야 한다. 만일 이런 업소에 청소년들이 출입하면 청소년보호법 규정에 따라 업주가 처벌받는다.

현장을 다녀온 후 실제 단속업무를 담당하고 있는 관련 부처 공무원들과 회의하며 대책을 논의했다. 관련 기관이 파악한 바에 따르면 룸카페는 숙박업, 비디오물 감상실, 일반음식점 등의 형태로 운영하고 있었는데 관련 법률인 공중위생관리법, 영화 및 비디오물 진흥에 관한 법률, 식품위생법에 따른 신고나 등록을 안 한 경우가 적지 않았다. 따라서 법에 따라 신고·등록을 안 했거나 시설기준을 위반한 업소에 대해서는 부처별로 현황을 파악하고 단속하기로 했다. 또한 청소년 출입·고용금지업소에 '19세 미만 출입금지' 표시를 부착하지 않고 청소년을 출입시키거나 고용하는 업체에 대한 점검 및 계도도 강화하기로 했다. 2023년 2년 22일부터 3월 8일까지 지자체와 경찰, 민간단체(청소년유해환경감시단)가 합동으로 1,098개 업소를 점검했다. 그 결과 162개 업소에서 청소년 출입금지 위반 및 청소년 출입·고용금지업소 표시의무 위반 등 청소년보호법 위반사항을 확인했으며, 위반 정도에 따라 수사·고발, 시정명령, 계도 등 개선조치를 시행했다(2023. 5. 24. 여성가족부 보도자료 참조).

다만, 현재 이런 영업이 성행하고 있는데도 일선 현장에서 단속이 어려운 것은, 청소년 출입금지업소의 고시 기준 자체가 너무 모호하기 때문이다. 현장점검에서 밀폐된 공간의 기준을 어떻게 봐야 할지가 무척 모호했다. 커튼을 쳐 놓았어도 전체가 다 밀폐된 공간이 아니라고 업주가 주장하면 단속이 어려웠다.

현장 전문가와 공무원이 함께 여러 번의 논의를 거쳐 청소년 출입금지업소의 기준을 좀 더 명확히 하기 위해 고시를 개정하기로 했다. 그 결과 청소년 출입이 가능한 룸카페의 개방성·투명성 확보를 위한 시설기준이 제시된 고시안을 마련해 청소년보호위원회 심의·결정을 거친 후 5월 25일 관보에 게시했다.

청소년의 안전한 이용을 위해 투명성·개방성 등의 요건을 강화한 새로운 개정 고시의 기준은 다음과 같다. 룸카페 등 장소 제공을 목적으로 하는 영업의 경우 아래 시설형태 중 ①부터 ④까지의 요건을 모두 충족하여 시설형태의 개방성을 확보하면 청소년 출입이 가능한 업소로 인정된다.

〈시설 형태〉

① 벽면 통로에 접한 1면은 바닥으로부터 1.3미터 이상부터 2미터 이하의 부분에 대해 전체가 투명(창 또는 개방)해야 함.

② 출입문 출입문 바닥에서 1.3미터 높이 부분부터 출입문 상단까지 전체가 투명(창 또는 개방)해야 함.

③ 잠금장치 없어야 함.

④ 가림막 ① 벽면과 ② 출입문의 투명창 일부 또는 전체에 커튼류, 블라인드류, 가림막, 반투명·불투명 시트지 등 어떠한 것(탈부착 또는 이동이 가능한 포함)도 설치되어 있거나 가려져 있지 않아야 함.

이런 요건을 충족하지 못하는 기존의 밀실 또는 밀폐 형태의 룸카페는 기존과 같이 시설 형태와 시설 내부의 설비 및 영업 형태 등을 종합적으로 고려해 청소년 출입 · 고용금지업소 여부를 판단한다. 이렇다고 해서 룸카페 영업을 전면 금지하는 것은 아니다. 청소년 출입 · 고용금지업소에 해당하더라도 성인 대상 영업은 가능하다. 금지업소가 청소년을 대상으로 영업했을 때는 벌칙(2년 이하 징역 또는 2천만 원 이하 벌금), 과징금(위반 횟수마다 300만 원)을 부과한다.

　이렇게 청소년 출입금지업소의 요건을 분명히 하자 공무원이 현장에서 청소년 출입이 가능한 업소인지 아닌지를 쉽게 판단할 수 있었고 단속 · 점검도 잘 이루어졌다. 청소년을 유혹하는 해로운 환경을 차단하기 위해서는 빠르게 변화하는 현실에 맞게 법과 제도를 유연하게 적용하고 빠르게 변화해야 한다. 사업주 역시 청소년보호법에 대한 내용을 잘 이해하고 지킬 수 있도록 적극적이고 지속적인 홍보가 필요하다.

학교 울타리 밖에 있어도
'너는 대한민국 청소년'

학교 밖 청소년

올해 20세인 희망이(가명)는 반 친구들과 어울리기가 힘들었다. 당연히 학교에 가고 싶지 않았고, 우울한 마음이 일상을 짓누르고 있었다. 결국은 자퇴를 결심한 희망이. 하지만 학교를 떠난다고 인생을 포기할 수는 없었다. 용기를 내서 지역 내 학교밖청소년지원센터–꿈드림(이하 꿈드림센터)를 찾았다. 다행히 희망이는 센터에서 자신이 좋아하는 것을 찾을 수 있었다. 그것만으로도 세상이 다르게 보였다. 예전에는 한 치 앞을 알 수 없는 안개 속을 걷는 기분이었는데, 어느새 햇살한 줌이 머리 위를 비추는 기분이랄까. 희망이는 좀 더 용기를 내보았다. 학습멘토링을 신청했고 검정고시에 합격한 뒤 마침내 대학생이되었다. 꿈드림센터 덕분에 전에는 감히 꿈도 꾸지 못했던 새로운 삶을 선물 받은 것 같았다. 자신이 10대 후반부터 20대 초반까지 겪었던 경험이 누군가에게는 도움이 될 수 있겠다는 확신이 든 희망이는 지금 꿈드림센터의 멘토로 활동하고 있다. 과거의 자신처럼 학교 울타리를 뛰쳐나와 방황하고 있는 청소년들에게 세상이 끝난 것이 아니라는 것을 알려주고 싶기 때문이다.

한때 학교 밖 청소년으로 불렸지만 이제는 어엿한 대학생이 된 희망이의 이야기다. 학교 밖 청소년은 말 그대로 학교에 다니지 않는 청소년을 말한다. 초·중등학교에 입학한 뒤 3개월 이상 결석하거나 취학 의무를 유예한 청소년, 고등학교에 진학하지 않은 청소년, 고등학교에 진학해 제적·퇴학 처분을 받거나 자퇴한 청소년이 모두 학교 밖 청소년에 해당한다. 청소년 인구 감소에도 불구하고 해마다 약 5만여 명의 청소년이 학교를 그만두고 있다. 교복이나 체육복을 입고 등하교하지 않는 십 대가 생각보다 많다는 말이다. 2020년 32,027명(0.6%), 2022년 52,981명(1.0%)으로 코로나19 시기에는 학업을 중단한 학교 밖 청소년의 비율이 일시적으로 감소했지만 최근 다시 증가하고 있다. 교육부 교육 기본통계에 따르면 2022년 기준으로 학령기 청소년 554만 명 가운데 학교 밖 청소년은 16만 8천 명(3.03%)으로 추산된다.

그렇다면 학교 밖 청소년들이 겪는 어려움에는 어떤 것들이 있을까? 2021년 여성가족부가 실시한 학교 밖 청소년 실태조사 결과를 살펴보면, 학교 밖 청소년은 사회와 주변의 선입견·편견(26.1%)을 가장 힘들어했다. '학교 자퇴'를 '정상적인 과정을 벗어난 상태'라고 판단해 남들과 다른 선택을 한 청소년을 바라보는 사회의 차별 가득한 시선은 여전히 싸늘하다. 2015년에 응답자의 절반 가까이(42.9%)가 편견 때문에 무시당한다고 답했던 것에 비하면 학교 밖 청소년에 대한 인식이 그나마 개선되고 있는 것으로 보인다.

부당한 대우를 경험한 사례도 많았다. 학생 신분이 아니라는 이유로 기회조차 얻을 수 없는 것이 학교 밖 청소년들이 흔히 겪는 냉혹한 현실이다. 실제로 이들은 학교 자퇴 후 공모전 참여 제한, 대학 진학 시 불이익, 취업 제한 등을 겪은 것으로 나타났다. 이에 전국의 220개 학교밖청소년지원센터(이하 꿈드림센터)에서는 학교 밖 청소년이 소외되지 않고 대한민국의 구성원으로 잘 성장할 수 있도록 상담지원뿐만 아니라 심리·정서지원, 교육지원, 진로·직업지원, 자립지원 등 지원체계를 강화했다.

〈그림 1〉 꿈드림센터 서비스 흐름도

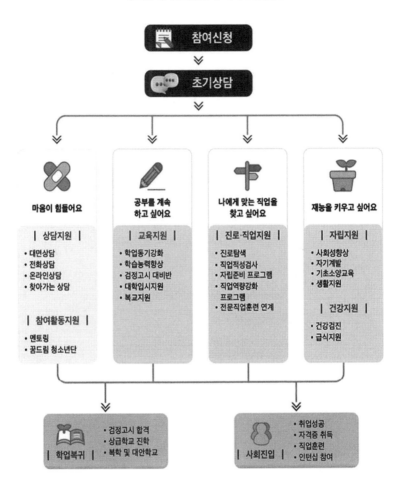

참여신청

초기상담

마음이 힘들어요

| 상담지원 |

• 대면상담
• 전화상담
• 온라인상담
• 찾아가는 상담

| 참여활동지원 |

• 멘토링
• 꿈드림 청소년단

**공부를 계속
하고 싶어요**

| 교육지원 |

• 학업동기강화
• 학습능력향상
• 검정고시 대비반
• 대학입시지원
• 복교지원

**나에게 맞는 직업을
찾고 싶어요**

| 진로·직업지원 |

• 진로탐색
• 직업적성검사
• 자립준비 프로그램
• 직업역량강화
  프로그램
• 전문직업훈련 연계

재능을 키우고 싶어요

| 자립지원 |

• 사회성향상
• 자기계발
• 기초소양교육
• 생활지원

| 건강지원 |

• 건강검진
• 급식지원

| 학업복귀 |
• 검정고시 합격
• 상급학교 진학
• 복학 및 대안학교

| 사회진입 |
• 취업성공
• 자격증 취득
• 직업훈련
• 인턴십 참여

〈 자료 : 여성가족부 〉

"얼마나 힘들었니?"
상담지원 및 심리·정서지원

마음이 힘든 학교 밖 청소년이 도움을 요청하면 꿈드림센터에서는 '학교 밖 청소년용 심리·정서 환경 척도'를 활용해 해당 학교 밖 청소년의 마음 상태를 파악한다. 결과에 따라 전문 심리 상담이 필요하면 청소년상담복지센터로 연계해 개별상담을 제공하고, 이를 통해 학교 밖 청소년이 자신의 마음을 표현하고 고민을 해결할 수 있도록 도와준다. 최근 몇 년 사이 상담서비스에 대한 수요가 점점 늘고 있는데, 실제로 2020년에는 총 518,539건, 2021년에는 639,333건, 2022년에는 681,825건의 상담을 지원했다. 그만큼 심리적, 정서적 안정을 위해 도움이 필요한 학교 밖 청소년이 많다는 것을 알 수 있다.

"학교 밖 청소년'도 대학교에 진학할 수 있나요?"
교육지원

학교 밖 청소년에 대한 잘못된 선입견 중 하나가 학교를 떠났으니 교육을 거부한다고 생각하는 것이다. 하지만 놀랍게도 2021년 학교 밖 청소년 실태조사에 따르면, 응답자의 58.3%가 학교를 그만둔 이후 검정고시를 준비한다고 답했고, 뒤이어 대입을 준비한다고 대답한 응답자도 22.7%나 됐다. 이러한 수요를 반영해 여성가족부에서는 학교 밖 청소년의 학습환경 조성과 대입 기회 확대를 위해 꿈드림센터를 통해 체계적이고도 다양한 교육 지원 프로그램을 제공하고 있다.

첫째, 청소년의 학습환경 조성을 위해 학습교재, 온라인 수강권, 스마트 기기 등을 지원하고 퇴직교사와 대학생 등으로 구성된 꿈드림 멘토단을 통해 맞춤형 학습 멘토링을 제공하고 있다.

둘째, 농어촌 청소년 장학금과 대학입학 장려금 등 다양한 장학금을 지원해 학교 밖 청소년에게 학습 동기를 북돋우고 대입의 기회를 확대하고 있다.

셋째, 대학 진학을 원하는 학교 밖 청소년들을 위해 지난 2020년부터 학교생활기록부를 대체하는 서류인 청소년생활기록부 시범사업을 도입해 운영하고 있다. 학교 밖 청소년들은 전국 꿈드림센터에서 학습 및 활동한 내용을 청소년생활기록부에 기록해 대학 수시(학생부종합전형) 지원 때 학교생활기록부 대체서류로 활용할 수 있다. 학교생활기록부 양식을 기반으로 만들어진 청소년생활기록부는 꿈드림센터에서 해온 다양한 활동을 ① 인적 사항 ② 출결 사항 ③ 수상 경력 ④ 자격증 취득 상황 ⑤ 창의적 체험 활동 상황(자율 활동, 동아리 활동, 봉사 활동, 진로 활동) ⑥ 학업 노력 상황 ⑦ 독서활동 상황 ⑧ 행동 특성 및 종합의견 등 총 8가지 항목으로 나누어 기재한다. 덕분에 학교 밖 청소년에게도 수시 전형의 길이 열렸다. 청소년생활기록부를 인정하는 대학도 2020년에 4개에서 2021년에 6개, 2022년에 11개, 2023년에는 12개까지 매년 늘어서 앞으로 학교 밖 청소년이 원하는 대학에 진학할 기회가 더욱 많아질 것으로 기대한다.

또한 꿈드림센터에서는 대학 진학을 원하는 학교 밖 청소년에게 지역별 대학입시 컨설팅도 지원하고 있다. 2023년에는 86회에 걸쳐 4,146명의 학교 밖 청소년이 대학입시 컨설팅에 참여해 대입과 관련한 정보와 조언을 얻었다. 이 같은 교육지원 사업은 학교 밖 청소년이 학교를 떠났다는 이유만으로 대학입학의 꿈을 포기하지 않도록 하기 위해 학습환경을 만들어 준 대표적인 사업이었다.

'너의 미래는 곧 우리의 미래'
진로 · 직업지원

사랑이(가명)는 공부에 관심이 없었다. 결국은 학교를 그만두고 꿈드림센터를 찾았다. 센터에서 안전요원자격증반을 선택한 사랑이에게 무엇보다 위안이 됐던 것은 비슷한 이유로 학교를 그만둔 친구들과 함께한다는 것이었다. 고민을 털어놓을 수 있는 친구가 있다는 것이 정말 큰 힘이 됐다. 열심히 노력한 끝에 인생 첫 자격증을 취득한 사랑이. 이번에는 컴퓨터를 배우기로 했다. 그래서 ITQ 자격증 교육을 받기 위해 또다시 꿈드림센터의 컴퓨터실을 찾았고, 인생의 두 번째 자격증을 취득할 수 있었다. 공부가 싫어서 학교를 그만뒀는데, 오히려 그만둔 이후 진짜 공부할 마음이 생겼다. '다음에는 뭘 배워볼까?' 이것이 요즘 사랑이의 최대 관심사다.

사랑이는 비록 학교생활에 적응하지 못하고 제 발로 걸어 나왔다. 그러나 사랑이처럼 크고 작은 어려움을 극복하고 당당한 사회의 일원으로 살아가고 있는 학교 밖 청소년의 이야기를 들을 때면 대견하면서도 학교 밖 청소년을 위한 지원 시스템의 중요성을 새삼 깨닫게 된다. 우리 사회의 미래인 청소년이 진로를 탐색하고 직업을 찾는 것은 그들의 미래를 위해서도, 우리나라의 앞날을 위해서도 매우 중요하기 때문이다.

실제로 교육부 교육 기본통계에 따르면, 학교 밖 청소년은 자신의 직업과 진로에 대한 태도는 긍정적이었지만, 아직 진로를 결정하지 못했다는 청소년이 35.7%나 되고 이는 계속 증가(2015년 25.0%, 2018년 35.0%)하는 추세다. 실제로 향후 진로에 대한 계획이 있다는 청소년 가운데 학교를 그만두기 전에 진로를 결정한 경우는 45.6%

였고, 학교를 그만둔 후 2년 이상 지나서라는 청소년이 16.7%였다. 학교를 그만두기 전에 진로 계획을 세우지 못하면 진로를 결정하기까지 상당한 시간이 걸린다는 것을 알 수 있다.

꿈드림센터에서는 학교 밖 청소년에게 맞는 진로·직업을 찾을 수 있도록 진로 탐색, 기술 훈련, 자격증 취득, 인턴십 등 다양한 기회를 제공하고 있다. 또한, 진로 결정에 어려움을 겪는 학교 밖 청소년에게는 전문 강사를 통한 교육과 상담, 직업현장 탐방 등 다양한 진로체험과 전문 자격 취득을 위한 자격증 교재 등을 지원한다. 이미 창업했거나 창업에 관심이 있는 학교 밖 청소년에게는 전문 컨설턴트에 의한 창업 컨설팅, 우수 청소년 창업지원금 제공, 지역별 특색을 반영한 로컬 브랜드 탐방 등 체험형 프로그램 등도 지원하고 있다.

이외에도 국민취업지원제도, 청소년 비즈쿨 등 직업 훈련 및 창업 지원을 받을 수 있는 전문기관 연계 지원을 통해 학교 밖 청소년이 자신의 능력을 최대한 발휘하고, 미래의 직업을 준비하며, 자신만의 성공적인 삶을 일굴 수 있도록 돕는다. 이처럼 매년 증가 추세에 있는 학교 밖 청소년이 진로와 직업을 선택할 수 있도록 여러 방면으로 지원하는 것은 단지 그들만을 위해서가 아니다. 학교 밖 청소년의 경제적 자립은 우리 사회의 안정과 발전 측면에서도 매우 중요한 과제이기 때문이다.

"너의 꿈을 응원해!"
자립지원 및 건강지원

    행복이(가명)는 몸이 많이 약했다. 어렸을 때부터 학교에 빠지는 일이 잦았던 소망이는 결국 고민 끝에 학교를 그만두기로 했다. 그리고 대안으로 찾은 곳이 바로 꿈드림센터였다. 검정고시를 준비해서 합격했고 꿈드림센터에 마련된 다양한 활동에 참여한 덕에 자신감도 회복할 수 있었다. 다행히 건강도 좋아져서 이제는 종종 학교 밖 청소년에게 멘토 역할도 해주고 있다. 행복이는 요즘 작곡을 배우고 있다. 꿈드림센터에서 통기타를 배우면서 작곡가의 꿈이 생겼기 때문이다. 몸이 아파서 학교를 그만둘 때는 자신의 꿈마저도 사라져버린 기분이었는데 이제 행복이는 자신의 꿈을 이루기 위해 매일 한 발짝씩 세상을 향해 걸어나가고 있다.

    건강상의 이유로 중도에 학업을 포기하고 학교 밖 청소년으로 살아왔지만, 이제는 작곡가를 꿈꾸는 행복이의 이야기다. 통기타 연주를 배우게 된 것이 행복이에게 꿈을 심어준 것이다. 이렇듯 청소년들에게 문화예술 체험은 청소년들의 일상을 긍정적인 방향으로 이끈다. 행복이처럼 몸이 아픈데도 자신의 꿈을 향해 나아가는 원동력이 되기도 하고, 학교 밖 청소년으로 살아가면서 자존감이 바닥이었던 아이들이 악기를 배우고, 그림을 그리고, 바리스타 자격증을 따면서 자신의 재능을 발견할 뿐만 아니라 자존감까지 회복한다.

그래서 여성가족부에서는 학교 밖 청소년이 문화와 예술체험을 통해 자신의 길을 찾고 동시에 자존감을 높일 수 있도록 꿈드림센터를 통해 다양한 자기계발 프로그램을 지원하고 있다. 특히 꿈드림센터 내에 전용 공간(2023 기준, 54개소 운영)을 마련해 학교 밖 청소년이 자유롭게 공부하면서 창작 활동을 펼칠 수 있도록 지원하고 있다.

지난 2023년 11월 7일 다수의 일간지에서 학교 밖 청소년의 건강 상태에 관련한 기사가 쏟아져 나왔다. 10명 중 3명은 충치 치료가 필요하고, 4명은 신장 질환이 의심된다는 내용으로, 이는 여성가족부가 실시한 학교 밖 청소년 건강 검진 결과였다.

학교밖청소년 직업교육(내일이룸학교)

여성가족부에서는 9세 이상 18세 이하 학교 밖 청소년에게 초중고 재학 청소년과 똑같이 건강 검진을 받을 수 있도록 했다. 학교밖 청소년지원센터를 통해 건강 검진을 신청하면, 국민건강보험공단을 통해 전국 천여 개의 병·의원, 보건기관에서 요검사, 혈액검사, B형, C형 간염 검사 등 17개 항목을 무료로 제공한다. 2023년 10월 기준 4천여 명의 학교 밖 청소년이 검진을 완료했다. 또 학교 밖 청소년의 건강 증진을 위해 한국보훈복지의료공단, 한국의학연구소 (KMI) 등과의 협업을 통해 학교 밖 청소년의 무료 건강 검진과 치료비를 지원하고 있으며, 학교 밖 청소년의 안정적 영양 섭취와 성장을 위해 센터 이용 청소년에게 급식을 제공하고 있다.

학교 밖 청소년 질환의심자 중 상세 진단 비율

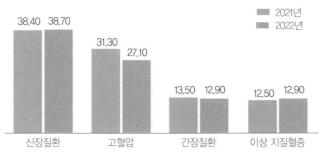

(단위 : %)

〈 자료 : 여성가족부 〉

학교밖청소년지원센터 – 꿈드림 이용방법

2015년 5월에 시행된 '학교 밖 청소년 지원에 관한 법률'에 근거해 전국 222개 지역에 학교밖청소년지원센터–꿈드림이 설치되어 전문적인 서비스를 제공하고 있다.

▶ 누가 참여할 수 있나?

9~24세 학교 밖 청소년

▶ 어떻게 이용할 수 있나?

– 가까운 학교밖청소년지원센터 방문

– 꿈드림 홈페이지(www.kdream.or.kr)에서 온라인 신청

– 청소년 상담 전화 1388 문의

이 사회가 너의 울타리가 되어 줄게

가정 밖 청소년

가출한 가정 밖 청소년은
다 비행 청소년이다?

집을 나온 가출 청소년은 모두 다 비행 청소년일까? 정답은 '아니다!'이다. 하지만 안타깝게도 우리 사회에서는 그 이유야 어찌 됐든 여전히 비행 청소년이라고 생각하는 인식이 강하다. 하지만 이들이 왜 집을 떠날 수밖에 없었는지 그 사정을 들여다보면 생각이 달라질 것이다. 부모와의 갈등은 물론이고 학대, 폭력, 방임, 이혼 등 가정이 해체되어 어쩔 수 없이 가출을 선택한 청소년이 너무도 많기 때문이다.

2021년 위기청소년 지원기관 이용·입소 경험이 있는 9~18세 청소년 4,399명을 대상으로 조사한 〈위기청소년 지원기관 이용자 생

활 실태〉 결과에 따르면, 이들이 집을 나오는 가장 대표적인 이유
는 부모, 형제 등 가족과의 갈등(70.6%)과 폭력(49.4%)이었다. 실제
로 24.6%는 폭력을 경험했다고 답했는데, 위기청소년의 절반 정도
는 부모의 신체 폭력(44.4%), 언어폭력(46.0%)을 경험한 것으로 나타
났다. 청소년쉼터나 청소년자립지원관을 이용하는 청소년의 경우는
상황이 더 심각해서 72.1%가 신체 폭력, 72.9%가 언어폭력의 피해
를 경험한 것으로 나타났다. 심지어 성폭행·성추행 피해를 경험한
경우도 6.4%에 이른다.

집을 나오게 된 이유

(단위 : %)

〈 자료 : 여성가족부 〉

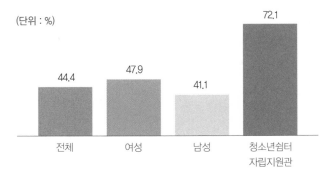

신체적 가정폭력 피해 경험

(단위 : %)

72.1

44.4

47.9

41.1

전체　　　여성　　　남성　　　청소년쉼터
　　　　　　　　　　　　　　　　　　　자립지원관

〈 자료 : 여성가족부 〉

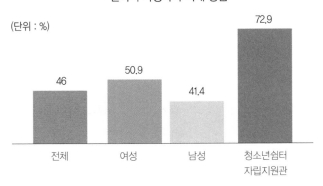

언어적 가정폭력 피해 경험

(단위 : %)

72.9

46

50.9

41.4

전체　　　여성　　　남성　　　청소년쉼터
　　　　　　　　　　　　　　　　　　　자립지원관

〈 자료 : 여성가족부 〉

하지만 폭력이 난무하는 집을 탈출했다고 해서 사정이 크게 나아
지는 것도 아니었다. 생활비가 부족했고(54.0%), 마땅히 갈 곳이나

쉴 곳이 없으니(42.4%), 우울하고 불안한 일상의 연속이었다(33.3%). 일자리를 구하기도 쉽지 않았다(20.9%). 실제로 자의 반, 타의 반으로 가정이라는 울타리를 떠난 청소년은 경제적 어려움, 학업중단 위기, 노동 시장에서의 열악한 처우, 폭력과 범죄에 노출될 위험이 있다.

이에 여성가족부에서는 가출 청소년을 향한 부정적 낙인과 편견을 없애고, 청소년이 가정 밖으로 나올 수밖에 없었던 '상황'과 '가정 밖'이라는 위험 상황에 초점을 두고 지원과 보호 정책을 마련하기 위해 노력했다. 그 결과로 2021년 3월 청소년복지지원법을 개정해 '가출 청소년'이라는 용어를 '가정 밖 청소년'으로 변경했다.

그렇다면 우리나라 가정 밖 청소년은 얼마나 될까? 현실적으로 가정 밖 청소년의 정확한 규모를 파악하기도 쉽지 않다. 자신의 거주 환경을 노출하지 않으려는 경향이 강하고, 가정, 학교, 사회 등을 넘나들며 청소년쉼터 등에 입소하고 퇴소하는 경우가 많기 때문이다. 또한 가정 밖 청소년은 원가정에서 이탈되어도 그 기간이 매우 유동적인 데다가, 한 번 이탈한 청소년들이 나중에 다시 가정으로 복귀하거나 이탈과 복귀를 반복하는 일도 많아서 일일이 파악하기가 어려운 것이 사실이다. 다만, 경찰청의 실종 또는 가출인 신고 접수 현황과 청소년쉼터 입소 현황을 통해 대략적인 규모를 유추할 수 있다.

9~19세 경찰청 실종 · 가출인 신고 접수 현황(경찰청)

(단위 : 명)

구 분	2019	2020	2021	2022
계	23,783	20,875	23,133	28,643

청소년쉼터 입소 현황

(단위 : 개소, 명)

구 분	2019	2020	2021	2022
개소 수	134	133	134	138
이용(입소)자 수	32,402	20,401	21,475	28,627

〈 자료 : 여성가족부 〉

방황하는 저를
탈선하지 않게 잡아줬어요
청소년쉼터

믿음이(가명)의 부모님은 믿음이가 13살 때 이혼했다. 부모님이 헤어지고 난 후 아빠랑 같이 살았는데 언제부턴가 아빠가 때리기 시작했다. 점점 무섭게 변하는 아빠가 무서웠다. 결국, 믿음이는 경찰에 연

1장 다 함께 보듬어야 할 아이들입니다 55

계돼 청소년쉼터에 입소했다. 처음에는 입소 생활이 어려웠지만 쉼터 선생님의 도움으로 조금씩 적응할 수 있었다. 이후 쉼터의 다양한 프로그램에 참여하면서 점차 안정을 되찾았고, 가정 밖 청소년의 자립을 돕는 청년도전지원사업과 취업지원사업을 통해 바리스타 2급 자격증까지 딸 수 있었다. 요즘 믿음이는 신이 난다. 카페에서 아르바이트만 했었는데 조만간 직원으로 취직할 예정이기 때문이다.

부모의 이혼과 아빠의 폭력으로 가정에 머물 수 없었던 믿음이에게 제2의 가정이 된 곳은 청소년쉼터였다. 입소 생활에 적응하기까지 시간이 좀 걸리긴 했지만 믿음이는 마음의 안정을 되찾고, 미래를 그려볼 수 있게 됐다.

씩씩이에게도 청소년쉼터는 고마운 존재다.

씩씩이(가명)가 가정폭력을 피하려고 찾은 곳은 청소년쉼터. 씩씩이는 돌아갈 곳이 없어서 자립을 준비해야만 했다. 하지만 사람들과 어울리는 것이 힘든 씩씩이는 취업을 해도 오래 버티지 못했다. 이대로라면 자립이 어려운 상황이었다. 청소년쉼터 선생님들은 심리 상담을 통해 씩씩이의 자신감을 키워줬고, 자신감을 얻은 씩씩이는 국민취업제도를 통해 네일아트 자격증을 딸 수 있었다. 덕분에 씩씩이는 네일

아트 숍에서 아르바이트를 하고 있다. 얼마 전부터 씩씩이에게는 목표가 하나 생겼다. 종합미용 면허증! 언젠가는 꼭 자신의 이름을 내건 미용실을 열고 싶기 때문이다.

2023년 10월 현재 전국의 138개 청소년쉼터에서 21,120명의 가정 밖 청소년이 생활하고 있다. 청소년쉼터는 가정 밖 청소년을 일정 기간 보호하면서 주거 문제를 해결해 비행·탈선을 예방한다. 또 상담과 학업, 자립과 관련한 다양한 프로그램을 통해 가정 밖 청소년이 건강하게 성장해서 가정이나 사회에 복귀할 수 있도록 돕고 있다.

- **상담 및 정서적 지원** / 개인 상담, 집단 상담, 심리 검사, 미술 치료, 가족 상담, 멘토링 서비스, 진로 상담, 원격 상담, 가족 지원 등

- **사회적 보호** / 긴급 개입, 선도 교육, 후원자 연결, 타 기관 연계 등

- **기초 생활 및 경제적 지원** / 수급 신청, 식사 및 간식 제공, 세탁 및 샤워 지원, 의복 및 기초 생활 물품 지원, 생활비 지원, 이·미용 서비스, 외부 목욕탕 사우나 지원 등

- **교육 및 학업 지원** / 교육비 지원, 검정고시 과목 교육, 검정고시 응시 지원, 대안 교육 연계 지원, 특기/적성 교육 지원 및 방과 후 학습 지원, 기초 학업 지원(개인 교습), 학교 등하교지원(데려다주고 데려오기), 전학 및 편입학 지원 등

- **자립 지원** / 직업 훈련, 아르바이트 및 취업 지원, 직업 정보 및 취업 정보 제공, 일상 생활지도(출근 지원 포함), 주거 탐색 지원, 이사 지원, 라이프 코칭 프로그램 지원 등

- **의료 지원** / 병원 진료, 건강 검진, 의약품 지원, 질병 예방 및 건강 관리 서비스, 병원 입·퇴원, 응급실 진료·치료 등

- **법률 및 권리주체 지원** / 법률 자문, 변호 지원, 법적 옹호, 법률 행정, 서류 지원, 수강명령 출석, 사회봉사 출석, 보호 관찰 등

- **행정 업무 지원** / 전입 신고, 공과금 납부, 행정 서류 발급 등

- **여가 및 문화 활동 지원** / 수련 활동, 문화 활동, 동아리 활동, 자원봉사 활동, 자치 활동 등

너의 자립을 응원해

청소년자립지원관

    소망이(가명)는 한부모가족 출신이다. 다섯 살 때부터 아빠와 함께 살았는데 소망이가 중학생이 되면서 아빠의 폭력은 점점 심해졌다. 하루하루가 무서웠다. 그래서 소망이는 가정폭력을 피해 청소년쉼터를 찾았다. 시간이 흘러 퇴소를 앞둔 소망이는 갈 곳이 없었다. 자립해야만 했다. 그래서 소망이는 청소년자립지원관에서 자립지원을 받기로 하고 차근차근 자립을 준비했다. 어디서든 정직원으로 일을 해야 생활할 수 있을 것 같았다. 그래서 취업지원 프로그램을 통해 영상 촬영과 편집 기술을 배웠고 지금은 여행 프로그램 전문 제작사에서 PD로 일하고 있다. 아빠의 폭력에 시달릴 때는 자신에게 이런 날이 올 줄은 몰랐다. 촬영을 위해 다른 나라에 가는 자신을 보면 낯설 정도로 행복하다는 소망이. 특히 올해는 소망이에게 특별히 기억될 한 해가 될 것 같다. LH 공공임대주택을 신청해서 드디어 자신만의 공간을 마련했다. 드디어 자립에 성공한 것이다.

    소망이처럼 청소년쉼터 등 일정 기간 시설의 지원을 받았는데도 갈 곳이 없는 청소년을 돕는 기관이 있다. 바로 청소년자립지원관,

이름처럼 가정이나 학교, 사회로 복귀할 수 없는 청소년이 자립해서 생활할 수 있도록 지원하는 곳이다. 전국에 13개소가 운영되고 있으며, 혼합형과 이용형 두 가지 유형으로 지원하고 있다. 혼합형은 생활관과 주거 연계 지원을 제공하고 있으며, 이용형은 주거 연계 지원을 통해 가정 밖 청소년의 자립 훈련을 지원하고 있다.

피부색은 다르지만 모두
대한민국 청소년입니다

다문화 청소년

다문화 · 다인종 국가로 가는
대한민국

"20년 전만 해도 다문화 학생이 전교에 한 명 있을까 말까 했는데, 이젠 반마다 한두 명은 있어요."

경기도 용인시의 한 초등교사는 매년 다문화 학생이 늘어나는 속도가 '놀랄 정도'라며 이렇게 말했다(출처 : 장윤서 · 최민지 기자(2023. 11. 7.) 중앙일보, "전교생 95%가 다문화인 곳도… 선생님은 오늘도 번역기 돌린다").

지난 2023년 9월 말 기준 대한민국에 거주하는 장 · 단기 체류 외국인은 총 251만 4천 명. 이는 통계청이 발표한 전체 인구 약 5,137만 명의 4.89% 수준으로, 역대 가장 비율이 높고 내년에는 5%가 넘어갈 전망이다. 외국인 5%(20명 중 1명이 외국인)는 다인종 · 다문화 국가의 세계적 기준이다. 이런 추세라면 대한민국은 2024년에 아시아 최초로 다인종 · 다문화 국가가 될 것으로 예상된다[출처 : 전준강 기자 (2023. 10. 30). 인사이트. "한국, 내년부터 아시아 최초 '다인종 · 다문화 국가' 된다."]

특히 2022년 인구주택총조사에 따르면 대한민국 전체 가구 2,238만 3천 가구 가운데 다문화 가구는 총 39만 9천 가구, 다문화 가구원은 총 115만 명으로, 전체 인구인 5,169만 명의 약 2.2%를 차지한다.

다문화 혼인 추이

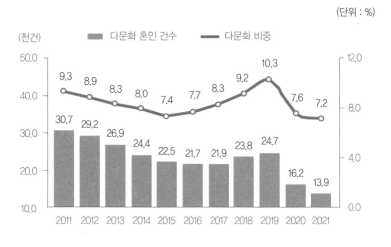

〈 자료 : 통계청 〉

결혼이민자 · 귀화자 규모 추이

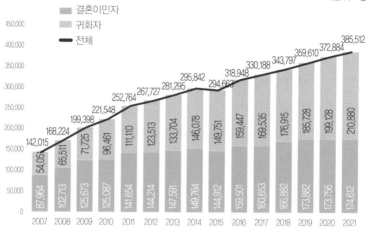

(단위 : 명)

〈 자료 : 통계청 〉

이태규 국민의힘 의원실 자료에 따르면 전교생 절반 이상이 다문화 학생인 초등학교가 전국에서 77곳에 달하고(2022년 기준) 경기도 안산시의 한 초등학교는 전교생 400여 명 중 95%가 중국, 러시아 등 17개국 출신의 다문화 가정이라고 한다(출처 : 장윤서 · 최민지 기자. 중앙일보. "전교생 95%가 다문화인 곳도 … 선생님은 오늘도 번역기 돌린다"). 이것도 다문화 청소년도 빠른 속도로 증가하고 있다는 얘기다.

특히 만 7~18세의 다문화 가정 자녀 수 증가세가 두드러진다. 2017년의 10만 7천여 명에서 2021년에는 17만 5천여 명으로 63%

증가했는데, 전체 미성년 자녀 중 만 7~18세의 비율도 2017년의 48.3%에서 2021년에는 60.4%로 12.1%가 증가했다.

여기서 주목할 것은 최근 5년간(2017~2022) 초중고 학생 수의 추이다. 이 시기 전체 초중고 학생 수는 7.9% 감소했지만, 다문화 학생 수는 2017년 109,387명에서 2022년에는 168,645명으로 늘어나 다문화 청소년은 54.2%나 증가했다. 다문화 청소년은 다문화 가정에서 태어났거나 다문화가정 출신으로서 다양한 문화적 배경을 가진 청소년을 말한다. 한부모가 한국인이고 다른 부모가 외국인인 경우가 대표적이지만, 다문화가정에서 다양한 문화 요소를 접하며 자란 청소년을 포함한다. 그런데 이들 가운데 학교 부적응, 학력 격차, 학교 폭력 등과 같은 어려움을 호소하는 경우가 많아 관심을 기울일 필요가 있다.

2024년 다문화 아동·청소년 맞춤형 예산 568억 원으로 대폭 확대

여성가족부는 2022년부터 다문화 아동·청소년의 학교 적응과 진로 설계를 돕기 위해 기초학습 지원과 정서·진로 상담 사업을 신설했다. 그 결과 2022년에는 다문화 아동·청소년 4,391명이 이 프로그램에 참여했고, 참여 만족도도 높았다. 하지만 참여 희망자 수와 비교해 모집 인원의 규모가 작고 일부 지역의 경우 접근성이 낮아 현장의 프로그램 확대 요구가 이어지고 있다. 이에 정부는 다문화 아동·청소년의 학습과 진로 등 성장 단계별 맞춤형 지원 예산을 2023년 222억 원에서 2024년 568억 원으로 확대, 편성했다.

다문화 가족 자녀의 취학 전과 초등기의 기초학습지원운영센터가 확대되고 지원대상도 초등 고학년까지로 확대되며, 청소년기 정서와 진로 상담 역시 확대될 예정이다. 그뿐만 아니라 다문화가정 자녀가 강점을 개발할 수 있도록 이중언어 교실 등 이중언어 학습 지원을 확대하고, 저소득 다문화 가족 자녀에 대해서는 상담과 사례 관리를 통해 도서 구매나 독서실 이용 등에 사용할 수 있는 교육활동비 지원도 신규로 추진할 계획이다.

한편, 교육부는 다문화 학생의 학교생활 적응을 돕는 멘토링 인원을 4천 명에서 8천 명으로 두 배 확대하고, 고용노동부는 폴리텍 대학을 통해 다문화 학생 2백 명을 대상으로 기술, 한국어 등 다문화 청소년 특화 직업 훈련을 시범적으로 시행할 계획이다. 이 모든 지원은 1차로 다문화 아동·청소년에게 학습과 진로선택의 기회를 더 많이 제공하는 것이 목표이지만, 더 나아가 다문화 아동·청소년이 이끌어 나갈 대한민국의 미래를 위한 투자라고 할 수 있다.

배경은 달라도 우리는 대한민국 청소년!

이주배경 청소년

중학교 3학년인 미소(가명)는 제3국에서 태어난 이주배경 청소년으로 5년 전부터 한국에 거주했다. 어머니가 탈북해 중국인 아빠를 만나 결혼했고, 미소가 태어났다. 요즘 미소의 가장 큰 걱정은 친구들과

이주배경청소년지원재단 방문

66

의 관계이다. 한국어가 지금까지 써오던 말과 너무 달라서 친구들과 대화하는 것이 너무 어렵기 때문이다. 무엇보다 가장 힘든 것은 어디서부터 뭐가 잘못된 것인지 전혀 모르겠다는 점이다. 그래서 미소는 학교 선생님의 도움을 받아 이주배경 청소년 대상 프로그램을 신청해 상담을 받았다. 그 덕분에 미소는 상황에 따른 대화법과 공감하고 소통하는 기술을 배우면서 한국생활에 차츰 적응해 나가고 있다.

이주배경 청소년 지원 프로그램으로 한국생활 적응에 성공한 미소(가명)

중학교 1학년 맑음이(가명)는 국외에서 출생한 국제결혼가정의 자녀로 한국인이 된 지 4년 정도 되었다. 맑음이는 한국에 오기 전까지 몽골 사람이었다. 하지만 어머니가 한국인과 재혼해 어머니와 함께 한국에 왔고 이제 한국인이 되었다. 그런데 얼마 전, 어머니가 갑자기 돌아가셨다. 아빠가 잘 돌봐주시지만, 어머니의 빈자리가 너무 컸고 슬펐다. 맑음이는 슬프고 힘든 마음을 어떻게 표현하는지 몰랐다. 다행히 평소 맑음이를 걱정하던 학교 선생님이 이주배경 청소년을 위한 프로그램을 신청해주셨다. 맑음이는 상담을 통해 위로받고 서툴지만 자신의 슬픈 마음과 상황을 사람들에게 표현할 수 있었다. 여전히 엄마가 보고 싶지만, 보고 싶을 때마다 보고 싶다고, 슬플 때마다 슬프다고 말할 수 있어서 다행이라고 생각한다.

이주배경 청소년 지원 프로그램으로 감정을 표현하는 방법을 배운 맑음이(가명)

이주배경 청소년은 부모 또는 본인이 이주 경험을 지닌 9세에서 24세 이하의 청소년으로, 「청소년복지지원법」 제18조에 따라 다문화 가족의 자녀, 중도입국 청소년, 탈북 청소년 등이 모두 해당한다. 다문화가정의 자녀는 부모 중 한 명이 한국인인 국제결혼 가정의 자녀로서 국내에서 태어나 한국 국적을 취득한 경우이다. 또 국제결혼 가정의 자녀이지만 외국에서 태어나 중도에 우리나라로 들어온 청소년은 중도입국 청소년으로 분류한다. 중도입국 청소년의 경우 한국 국적을 취득하거나 외국 국적이기도 하다. 탈북 청소년은 부모 중 한 명 이상이 북한 이탈 주민으로, 우리나라 국적을 보유하고 남한에서 태어났거나 남한 이외 지역에서 태어난 청소년을 말한다. 탈북 청소년의 경우 2017년 전체 184명에 이르렀지만 2022년에는 10명으로 대폭 감소했다.

별이(가명)는 태국 외갓집에서 성장하다 부모님을 따라 한국으로 중도 입국한 이주배경 청소년이다. 한국에서의 학교생활을 가장 걱정했는데 수원시 외국인복지센터의 이주배경 청소년 지원 지역자원 연계사업을 통해 한국어 교육을 받았다. 덕분에 한국생활에 대한 두려움을 조금이나마 떨쳐낼 수 있었다. 하지만 수원시 외국인복지센터에서 배운 한국어 교육만으로는 학교에 편·입학할 수 없었다. 겨우 말을 주고받을 수 있을 뿐, 원활한 의사소통이 어려워 학교생활이 불가능했다. 그래서 수원시 외국인복지센터에서는 별이를 수원시 학교밖 청소년지원센터에 연계했고, 검정고시를 볼 수 있도록 도와주었다. 별이는 검정고시에 합격해 고졸 학력을 취득했고, 이제는 한국생활이 두렵지 않다.

전국적으로 이주배경을 지닌 청소년 수가 꾸준히 증가하고 있는 가운데 많은 이주배경 청소년이 별이처럼 한국어 의사소통뿐만 아니라 교과목 수업에서 지문 읽기 등 한국어가 미숙해서 한국에서 학교생활을 하는 데 어려움을 겪고 있다(출처 : 여성가족부 블로그, https://blog.naver.com/mogefkorea/223063213987).

실제로 이주배경 청소년은 언어 장벽, 문화 차이, 사회적 편견과 차별, 학업이나 진로선택 등에 어려움을 토로한다. 한국어를 모국어로 사용하지 않는 청소년은 언어 장벽으로 학업과 소통에 어려움이 따를 수밖에 없다. 한국과 다른 문화에서 온 청소년은 문화적 차이 때문에 식습관, 행동 규칙, 가치관 등 다양한 영역에서 적응이 쉽지 않다. 한국인과는 다른 외모, 다른 행동 양식, 다른 언어 등으로 사회적 편견과 차별에 노출되어 있다. 이주배경 청소년들은 언어 장벽과 문화적 차이, 사회적 편견 등으로 학업 성취도가 낮아지거나 진로 결정에 어려움을 겪는 경우가 많다.

따라서 여성가족부에서는 이주배경 청소년이 한국 사회에 잘 적응하고 성장할 수 있도록 다양한 프로그램을 지원하고 있다.

① 레인보우스쿨 : 2023년 전국 15개 시·도, 26개 기관에서 레인보우스쿨을 운영하고 있으며, 한국어 교육, 진로 교육, 필수 교육, 사회적응 프로그램 등을 제공한다.

② 탈북 청소년 사회적응 프로그램 : 비교 문화 체험, 미래를 향한 첫걸음 프로그램 등을 통해 탈북 청소년들이 지역사회에 정착하는 데 필요한 다각적인 교육을 지원한다. 성, 인권, 진로, 건강 등 다양한 주제를 다루고 있다.

③ 상담 지원과 상담 환경 조성 : 이주배경 청소년의 특성을 고려해 전국에 찾아가는 상담과 상담 통역 지원 등 맞춤형 상담과 심리 사회적응 검사(http://test-rainbowyouth.or.kr)를 제공한다.

④ 이주배경 청소년 지원 인력 양성 : 관련 기관 종사자의 다문화 역량을 강화하고, 청소년 지도자를 대상으로 한 다문화 역량 강화 교육과정을 제작하여 보급한다(출처 : 여성가족부 블로그. https://blog.naver.com/mogefkorea/223063213987).

이제 더는 숨지 마
이 세상은 네가 나오길 기다리고 있어

은둔 청소년

히키코모리 같은 은둔형 외톨이가 일본에만 있는 것이 아니다. 대한민국에도 시간을 집 안에서 대부분 보내고, 가족 외에 사회적 접촉이 없는 이들이 있다. 바로 은둔 청소년이다. 은둔 청소년이 우리나라에 처음 알려진 것은 2000년대 초반이다. 여인중 교수와 이시형 교수가 공동으로 은둔형 외톨이를 연구한 결과, 한국에도 일본의 히키코모리와 같은 상태의 은둔형 외톨이가 상당수 존재한다는 것이 처음으로 알려졌다(여인중, 2005). 이 연구에 따르면 은둔형 외톨이의 절반 이상이 사춘기가 시작되는 청소년 시기에 나타났고, 이들에게는 우울증, 대인공포, 자기 혐오, 퇴행, 공격성향 등이 두드러지는 것으로 나타났다.

은둔 청소년이란?

　한국청소년상담복지개발원에서 시행한 〈아동청소년기 은둔 청소년에 대한 발굴 및 지원방안〉(차주환 외, 2023) 연구에서는 은둔 청소년을 '은둔 기간이 최소 3개월 이상이며 지적장애나 정신질환이 없으면서 대부분 자신의 방이나 집 안에만 머무르고, 학업이나 취업활동을 하지 않고 가족 이외의 사회적 접촉이 거의 없는 9세에서 24세의 청소년'이라고 정의하고 있다.

　우리나라에서는 아직 은둔 청소년에 대한 공식 통계가 없다. 다만 OECD 기준 우리나라의 15~29세 청소년의 니트(NEET 학교에도 가지 않고 일도 하지 않고 직업 훈련도 받지 않는 젊은이) 비중은 18.9%로 다른 국가들의 평균 13.9%보다 높다(김기헌 외, 2018). 또 15~29세의 사회적 고립청년 비율은 2.7%로 약 29만 명으로 추정하고 있으며(김기헌 외 2020), 19~29세 은둔 청소년 발생률은 0.96%(윤철경 외, 2021)이다. 이런 연구를 토대로 단순 추정하면 2021년 기준, 대한민국에는 7만여 명의 은둔 청소년이 있는 것으로 예측할 뿐이다.

은둔 청소년이
사회와 단절하는 이유

은둔을 시작하는 시기로 가장 많이 지목하는 시기는 청소년기 이다(김신아, 2019: 김효순, 김서연, 박희서, 2016: 오상빈, 2020: 이지민, 김영근, 2021: 이재영, 2014: 양미진 외, 2007). 대인관계에서 받은 상처, 학교 폭력 피해 경험, 학업 스트레스로 느끼는 좌절감, 가정 내의 갈등, 돌봄 의 부재, 또는 보호자의 과잉통제와 간섭 요인 등이 이들을 방 안으 로 자꾸 숨게 만드는 것이다(이영식, 최태영, 2022).

은둔 청소년에게는 행동적인 면에서는 일정 기간(3~6개월 이상) 자 신만의 한정된 공간에서 외부와 단절된 상태로 활동하며 식사나 수 면 패턴의 불규칙함, 인터넷이나 스마트폰 과몰입, 개인의 외모나 위생을 돌보지 않는 것 등의 특징이 있다. 인지 · 정서적인 면으로는 우울, 불안, 초조, 자살 충동, 낮은 자존감 등의 정서 상태와 피해의 식, 외로움, 스스로에 대한 열등감과 좌절감, 기대감이나 희망이 없 다고 느끼는 것으로 나타났다(김혜원, 2020). 결국, 은둔 청소년은 스 트레스를 피하고 안정감을 느끼기 위해 집 안에 있기로 한 것이라고 볼 수 있는데, 문제는 사회생활을 통해 근본적으로 문제를 해결할 방법을 터득하지 못해서 툭하면 집안이라는 동굴에 들어가 은둔 상태를 반복한다는 것이다. 당연히 청소년기의 은둔과 고립 경험은 몸과 마음의 건강에 부정적인 영향을 미칠 뿐만 아니라 교육의 기회, 성장의 기회를 놓친다는 점에서 치명적이다.

최근 여성가족부에서 발표한 제7차 청소년정책 기본계획 (2023~2027)에는 은둔 청소년 발굴과 지원을 강화하기 위해 실태를 파악하고, 고립·은둔 청소년 발굴·지원체계를 마련하겠다는 내용이 포함되어 있다. 또한 2023년 4월 11일 청소년복지지원법 시행령을 개정하여 은둔 청소년을 기존의 위기청소년 특별지원 대상에 포함했다. 그 덕분에 은둔 청소년이 일상생활을 회복하고 사회로 다시 진입할 수 있도록 하는 정부의 지원이 가능해졌다. 또한 여성가족부에서는 2024년부터 국비 예산을 확보해 6개 시·도의 일부 지역에서 시범사업 형태로 은둔·고립 청소년 원스톱 패키지 지원사업을 추진할 계획이다.

위기청소년 맞춤 지원을 위한 '원팀'

통계청 조사에 따르면 2011년 이래 청소년 사망원인 1위는 고의적 자해·자살로 청소년의 정신건강이 우려스러운 상황이다. 청소년의 심리적 어려움을 상담하는 전국 청소년상담복지센터의 상담 건수도 2015년 397만 건에서 2022년 621만 건으로 증가했다. 눈여겨볼 대목은 자해·자살, 우울·불안 등 정신건강 문제를 경험하는 청소년 비중이 증가하고 있다는 점이다. 정신건강 문제 상담은 2015년 전체 상담 건수의 11.9% 정도였지만 2022년에는 21.4%까지 올라갔다.

여성가족부는 증가하는 위기청소년 문제에 대응하기 위해 지난 6월부터 위기청소년 지원기관 간의 정보망을 통합해 상담·보호·의료·자립지원 정보를 효율적으로 관리하고, 보건복지부의 위기아동 정보, 교육부의 학업중단 학생 정보 등 관련 부처와 청소년 지원에 필요한 정보를 연계하는 "청소년안전망시스템"을 운영하고 있다. 그동안 현장에서는 위기청소년 지원 정보가 기관별, 사업별로 분산되어 있어 도움이 필요한 청소년을 지원하는 데 어려움이 있었다.

그러나 청소년안전망시스템을 가동하면서 위기청소년 지원을 위한 자료와 정보를 통합 관리할 수 있게 되었고, 무엇보다 도움이 필요한 청소년에게 좀 더 신속한 지원을 할 수 있게 되었다.

몸이 아플 때 내과, 이비인후과, 정형외과를 따로 찾아다녀야 했다면, 이제는 여러 진료 과목을 모두 갖추고 있는 종합병원에서 한 번에 필요한 진료를 효과적으로 받을 수 있게 된 것이다.

효과는 바로 나타나고 있다. 지난 7월 지자체 행정복지센터에서 보호자 부재로 학업중단, 영양실조, 불안장애 등 복합적인 위기상황에 놓인 1인 가구 청소년 A군을 발견했다. 담당자는 사회보장정보시스템(행복e음)에 관련 사례를 등록하고, 필요한 지원을 요청했다. 예전이라면 의식주 지원에 그쳤을지 모른다. 하지만 이 정보는 청소년안전망으로 공유되어 위기청소년 지원기관에 신속히 연계되었다.

청소년상담복지센터에서 A군이 심리적 안정을 찾을 수 있도록 전문가 상담을 제공했고, 학교밖청소년지원센터는 일자리를 소개했다. 또 검정고시를 준비하며 학업을 이어갈 수 있게 했다. 여러 기관의 지원 속에서 A군은 상처난 마음을 회복하고 미래를 준비하게 되었다.

여가부는 2024년부터 도움이 필요한 청소년에게 한 걸음 더 다가가기 위해 온라인 상담 창구를 개편하고, 위기 유형별 맞춤형 서비스와 지원기관 정보를 편리하게 찾아 신청할 수 있도록 "청소년 1388" 대국민 포털도 오픈한다.

A군은 자신을 도와준 청소년상담사에게 "평생 끝나지 않을 아주 길고 어두운 터널에 갇혀 있을 것만 같았는데, 이제는 끝이 있다는 생각이 든다"라고 말했다고 한다. 행정복지센터 공무원, 청소년상담사, 관계부처 담당자들이 원팀이 되어 노력한 결과였다.

"너희를 위해 언제든 나서줄 든든한 원팀이 있단다." 지치고 힘든 청소년들에게 힘이 되기를 간절히 소망한다(서울신문 2023. 12. 26.).

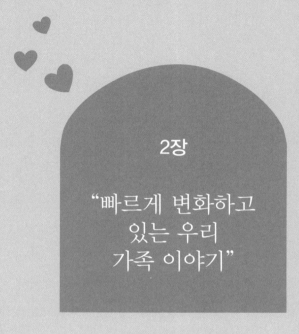

2장

"빠르게 변화하고
있는 우리
가족 이야기"

대한민국의 다양한 가족 유형

우리는 아직도 부부와 자녀로 이루어진 가구만을 전형적이고 보편적인 가족 형태로 여기는 것은 아닐까? 하지만 현재 우리나라의 가구 구성을 살펴보면 2022년 현재, 5인 이상 가구가 가장 적고 (3.7%), 4인 가구(13.8%), 3인 가구(19.2%), 2인 가구(28.8%), 1인 가구(34.5%) 순으로 많은 것으로 나타났다. 가구원 수가 가장 적은 1인 가구가 대세를 이루고 있다는 말이다. 내국인 가족뿐만 아니라 다문화 가족도 2.2%를 차지한다. 또 혼자서 자녀를 키우고 있는 한부모 가정도 전체 가구의 6.7%를 차지하는데 이 중 만 24세 이하 청소년 한부모가구 수는 3,024가구이다(2021년 기준). 이렇게 가족의 구성 형태가 다양해짐에 따라 가족에 관한 서비스의 내용도 다양해지고 있다. 하지만 안타깝게도 이런 다양한 가족에 대한 사회적 인식은 과거나 지금이나 크게 다르지 않다. 특히 다문화 가족과 한부모 가정에 대한 차별적인 시선은 여전하다.

대한민국 대세 가구

1인 가구

    얼마 전, 세계보건기구(WHO)에서는 '외로움'을 세계 보건을 위협하는 요인으로 규정하고, 전담 국제위원회 '사회적 연결 위원회'를 출범했다. WHO에 따르면 외로움 즉 고독이 하루에 15개비의 담배를 피우는 것과 같은 수준으로 건강을 위협한다고 밝혔다. 이미 외로움이 건강을 좀먹는다는 것을 인지한 영국 정부는 2018년 세계 최초로 '외로움부'를 신설했다. 작년에는 일본도 '고독담당 장관'을 임명했다.

    이런 분위기 속에 우리나라에서도 1인 가구가 빠른 속도로 증가했다. KOSIS 국가통계 포털에 따르면 2022년 기준 우리나라의 1인 가구 비율은 34.5%, 1인 가구 수는 750만 2,350가구로 전체 가구 중 가장 많은 비중을 차지한다. 게다가 2047년에는 우리나라 1인 가구 비중이 37.3%로 높아져 북유럽 국가 수준에 근접할 것으

로 전망된다(출처 : 매일경제(김용하 교수), 2021. 12. 30. "1인 가구 증가의 의미
와 대응").

2010년만 해도 우리나라의 주된 가구 유형은 2인 가구였는데
2015년 이후부터 1인 가구가 주를 이루고 있다. 1인 가구의 성별,
연령대별 특징을 보면 남성 1인 가구는 30대가 22.0%로 가장 많았
고, 여성은 60대가 18.7%로 가장 많았다.

연도별 1인 가구 비율

〈 자료 : KOSIS 〉

이렇듯 초저출산 시대에 접어든 우리나라의 가구 유형은 부부와
자녀로 이루어진 가구보다 오히려 1인 가구가 대세이다. 이런 현상

을 반영해 시장에서도 1인 가구를 겨냥한 소포장 먹거리, 각종 소비재가 대세를 이루고 있으며 주거형태도 1인 가구를 겨냥하고 있다. 정부는 2018년 1월 건강가정기본법을 개정해 그간 법령의 대상으로 포함되지 않았던 1인 가구를 위한 지원 근거를 만들었다. 그러나 우리 사회 시스템은 아직 이 같은 시장 변화의 속도를 못 따라가고 있어서 1인 가구가 일상생활을 하는 데 여러 가지 어려움이 있다.

1인 가구는 경제·안전·건강 등에서 다인 가구에 비해 취약한 부분이 많다(출처 : 「2021 통계로 보는 1인 가구」, (통계청, 2021), 14쪽, 32쪽 참조). 실제로 2020년 기준 국민기초생활보장 수급 가구 10가구 중 7가구는 1인 가구이며, 전반적인 건강 관리 실천율도 다인 가구보다 낮은 것으로 나타났다. 같은 해 시행한 가족실태조사를 보면 1인 가구의 42.4%는 균형 잡힌 식사가, 30.9%는 아프거나 위급한 상황에 대처하기가 어렵다고 응답했다. 그 밖에도 가사의 어려움과 경제적 불안과 고립 등으로 외로움을 느끼는 것으로 나타났다(출처 : 「찾기 쉬운 생활법령 정보」).

청년 1인 가구의 경우는 더 문제가 많았다. 하루에 한 번 이상 끼니를 거르는 비율 46.7%, 혼자 있을 때 식사를 거르는 비율 37.5%[국민건강영양조사(질병관리청, 2018~2019), 서울시1인가구실태조사(서울연구원, 2022)]로 청년 1인 가구의 식습관과 건강 문제해결을 위한 정책의 필요성이 대두되었다. 서울시에서는 2023년 4월부터 11월까지 청년 1인 가구 600여 명을 대상으로 '건강한 밥상'이라는 사업을 진행해 호응을 얻었다. 조리도구 사용, 재료를 고르고 손질하는 법부터 요리 체험까지 혼자 살아도 몸과 마음의 건강을 지킬 수 있는 방법을 안내했다.

여성가족부에서는 2022년부터 가족센터를 중심으로 1인 가구 사회관계망 형성 지원사업을 시범적으로 시행했으며, 2023년에는 36개 가족센터가 1인 가구 지원사업에 참여하고 있다. 또한 거동이 불편하거나 혼자서 병원을 이용하는 데 어려움이 있는 경우에 함께 가서 병원 접수와 수납 등을 지원해주는 '병원안심동행서비스'와 수술이나 중증질환 치료를 받고 퇴원한 분들의 집을 방문해 신체활동을 도와주고 취사, 청소 등의 일상생활을 지원하는 '퇴원 후 일상회복 서비스'를 제공한다. 또 서울시에서는 1인 가구들이 안심하고 전·월세 계약을 할 수 있도록 중개사 경험과 전문성을 갖춘 주거안심매니저를 통한 부동산 계약 상담, 집 보기 동행 등의 서비스도 제공하고 있다. 더불어 늦은 밤 여성, 청소년 등 시민의 안전한 귀가 및 동행을 지원하는 '안심귀가 스카우트 운영'도 많은 시민의 인기를 얻고 있다. 그 밖에도 혼자 사는 청년, 중장년, 노인 1인 가구들의 정서적 어려움을 해결하기 위한 상담과 교육 프로그램 등 사회관계망 지원사업도 추진되고 있다.

중앙정부와 지방정부에서 시행하는 시범사업들이 점차 전 지역으로 확산해 1인 가구의 불편감이 해소되고 좀 더 안정적인 일상을 영위하기를 기대해 본다.

홀로 두 몫 하는
대한민국 '엄빠'들을 응원합니다!

한부모가족

주변을 보면 부부가 아닌, 엄마나 아빠가 홀로 자녀를 돌보는 집안이 적지 않다. 모두 한부모가족이다. 한부모가족은 부부가 이혼하거나 사별한 후 부모 중 한 명이 자녀를 양육하는 가족을 말한다. 미

세종시 가족센터 방문

혼모나 미혼부가 자녀를 혼자서 양육하는 사례도 포함되는데, 전체 가구 수인 2,238만 가운데 약 6.7%인 149만 가구가 한부모가족이다. 특히 18세 이하 자녀를 양육하는 한부모가족은 약 35만 5천 가구로, 전체 한부모가족의 약 23.8%를 차지하지만, 통계상 한부모가족의 가구 수는 감소 추세를 보인다. 또한 한부모가족의 평균 연령은 43.6세로 대략 1.5명의 자녀를 양육하고 있으며, 그중 모자 중심 가구가 67.4%, 부자 중심 가구가 32.6%에 이른다.

전국 한부모가족 현황

(단위 : 천 가구, %)

구 분			2018년	2019년	2020년	2021년	2022년
전체 가구			20,500	20,891	21,485	22,023	22,383
일반 가구			13,790	13,809	13,860	13,810	13,757
한부모 가구			1,539	1,529	1,533	1,510	1,494
막내	18세 이하		408	384	373	369	355
자녀	19세 이상		1,131	1,145	1,160	1,141	1,139

〈 자료 : 통계청. 인구주택총조사 〉

하지만 정부 지원 대상인 저소득 한부모가족(중위소득[1]의 60% 이하, 24세 이하 청소년을 양육하는 한부모가족의 경우는 72% 이하)은 약 19만 3천 가구로 21만 2천 명의 아동이 양육비를 지원받고 있다. 한부모가족 대

부분은 한 명의 부모가 경제 활동을 하면서 자녀를 돌봐야 해서 경제적으로 어려움을 겪을 확률이 높은 것이 현실이다.

실제로 2021년 한부모가족 실태조사 결과에 따르면, 한부모 가구의 월평균 소득은 245만 3천 원으로, 전체 가구의 월평균 소득(416만 9천 원)의 58.8% 수준에 불과하다. 한부모가족 중에서 병·의원에 가지 못하는 비율은 16.1%로, 병·의원에 가지 못한 주된 이유는 경제적인 부담이 47.9%로 가장 큰 비율을 차지했다.

한부모가족 월평균 소득

(단위 : 만 원, %)

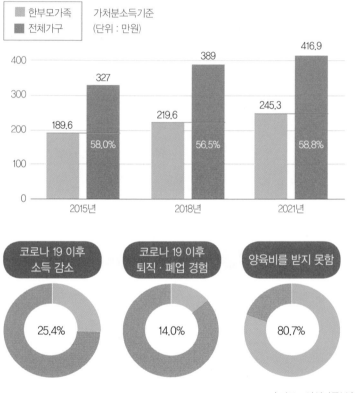

2017년 7~11월 전국 한부모가족 가구스 3,300명 대상 조사

- 한부모가족 가처분소득기준
- 전체가구   (단위 : 만원)

	2015년	2018년	2021년
한부모가족	189.6	219.6	245.3
전체가구	327	389	416.9
비율	58.0%	56.5%	58.8%

코로나 19 이후 소득 감소 — 25.4%

코로나 19 이후 퇴직·폐업 경험 — 14.0%

양육비를 받지 못함 — 80.7%

〈 자료 : 여성가족부 〉

* 한부모 월평균 소득: 세금, 사회보험료 등을 제외한 가처분 소득
** 전체 가구 월평균 소득: 「2015, 2018, 2021년 가계금융 · 복지조사」의 전체 가구 평균 가
처분소득

양육과 동시에 생계를 책임져야 해서 한부모 가운데 77.7%가 일을 하는 것으로 나타났으며, 한부모가족이 되기 1년 전(58.3%)보다 한부모가족이 된 이후, 일하는 비중(64.9%)이 더 높았다. 또한 경제적으로 넉넉지 못하다 보니 한부모가족의 60%가 생계비와 양육비 등 현금 지원을 희망했고, 안정적인 주거 환경을 위한 주거지원(13.6%)과 한부모가 일과 자녀 양육을 동시에 수행하는 데 현실적으로 도움이 되는 아이돌봄지원(6.9%)에 대한 수요도 있었다.

일하랴, 자녀 돌보랴. 조금 과장해서 하루 24시간이 부족한 것이 한부모의 현실이다. 그러다 보니 한부모가족 중 45.1%가 규칙적인 운동을 전혀 하지 않는다고 응답했는데, 이는 전체 국민 가운데 운동을 하지 않는 비율인 29.5%보다 높은 수치로, 한부모가족이 건강한 생활습관을 유지하는 데 어려움을 겪고 있다는 방증이다.

그래서 현재 여성가족부에서는 한부모의 자녀 양육 부담을 줄여주고, 안정된 생활을 보장하기 위해 중위소득 60% 이하 저소득 한부모가족을 대상으로 아동양육비, 학용품비, 생활보조금 등을 지원하고 있다.

구 분	지원 조건	지원 내용
아동양육비	저소득 한부모가족의 만 18세 미만 아동	자녀 1인당 월 20만 원
추가 아동양육비	저소득 조손 가족 및 만 35세 이상 미혼 한부모 가족의 만 5세 이하 아동	자녀 1인당 월 5만 원
	저소득 만 25세 이상 34세 이하 청년 한부모 가족의 만 5세 이하 아동	자녀 1인당 월 10만 원
	저소득 만 25세 이상 34세 이하 청년 한부모 가족의 만 6세 이상 18세 미만 아동	자녀 1인당 월 5만 원
아동교육지원비 (학용품비)	저소득 한부모가족의 중고생 자녀	자녀 1인당 연 9만 3천 원
생활보조금	한부모가족 복지시설 입소 가족	가구당 월 5만 원

또 2024년부터는 아동양육비 지원대상의 나이 기준이 '18세 미만 자녀'에서 '고등학교 재학 자녀'로 상향 조정된다. 앞으로는 고등학교 재학 중인 한부모가족의 자녀도 지원대상에 포함되어 더욱 많은 한부모가족이 아동양육비 지원을 받을 수 있을 것으로 보인다. 아동양육비 지원의 소득 기준도 중위소득의 60%에서 63%로 상향하고, 아동양육비 지원의 단가도 자녀 1인당 월 20만 원에서 월 21만 원으로 올라간다.

여성가족부는 이 같은 한부모가족에 대한 경제적 지원을 비롯한 한부모가족 지원을 확대하는 내용의 제1차 한부모가족정책 기본계획을 정부 합동으로 마련해 2023년 4월 10일 사회부총리 주재 사회관계장관회의에서 심의 · 의결했다.

한부모가족의 안정된 주거 환경을 위해 중위소득 100% 이하 저소득 무주택 한부모가족에게는 전국 121개 한부모가족복지시설을 통해 주거와 자녀 양육을 지원하고 있다. 한부모가족정책 기본계획에 따르면 이 한부모가족복지시설의 입소 기간을 최대 3년에서 5년으로 확대하고, 연장 기준도 완화할 예정이다. 또한, 매입임대 주거 지원사업을 통해 시설 밖에서도 한부모가족이 저렴한 비용으로 거주하면서 자립하도록 지원하고 있으며, 매입임대주택도 꾸준히 확대해 나갈 예정이다. 영구임대 주택 공급 때 우선공급 대상 수급자로 한부모가족을 추가하고, 공공임대 지원 시 한부모가족 소득 기준을 단계적으로 상향하려 한다. 또한 정부 지원서비스 신청자격으로 활용되는 한부모 증명서 발급기준*을 단계적으로 완화하여 한부모가족에 대한 난방 · 전기 · 가스 · 수도요금 감면 등 지원을 확대할 계획이다.

* 현행 한부모 증명서 발급기준 : 중위소득 60%(청소년 한부모: 중위소득 72%)

** 한부모가족증명서 관련 현행 혜택 : ▲ 복지용 쌀 할인(기준가격 60~92%) ▲ 이동통신요금 감면 ▲ 과태료 감면(50% 이내) ▲ 난방 · 전기 · 가스 · 수도요금 감면 등

(여성가족부 2023. 4. 10. 보도자료 "한부모가족과 동행하는 따뜻한 사회, 든든한 국가" 참조)

정부에서는 비양육 부모의 자녀 양육에 대한 책무성을 강화하기 위해 2015년에 설치된 양육비이행관리원에서 양육비 관련 상담과 양육비 이행청구와 이행확보 등을 위한 법률지원을 하고 있다. 또한, 감치명령 결정 후에도 양육비 채무를 이행하지 않는 양육비 채무자에 대해서는 운전면허 정지 처분, 출국금지, 명단공개 등의 제재가 이루어지고 있다.

　이처럼 한부모가족의 양육비를 둘러싼 고충을 해결하기 위한 양육비 이행 지원 상담서비스도 전국 244개 가족센터로 확대하고, 비양육 아빠나 엄마가 자녀와 꾸준히 만나면서 자녀와 원만한 관계를 이어가면서 양육비를 성실히 이행할 수 있도록 면접 교섭 서비스를 제공하는 기관도 확대했다. 또한 양육비 채무를 고의로 이행하지 않는 비양육 부모에 대해서는 제재를 강화하여 채무이행률을 높일 계획이다. 이행명령 결정이 확정되었는데도 양육비 이행을 하지 않을 경우, 감치명령 없이도 운전면허 정지, 출금 금지 등 행정조치와 형사처벌을 할 수 있도록 양육비 이행법 개정추진을 검토해 나갈 계획이다.

　이 밖에도 한부모의 직업 훈련과 취업 지원도 강화할 계획이다. 폴리텍대학과 연계한 교육과 아울러 여성새로일하기센터에서는 훈련생과 인턴을 대상으로 한부모를 우선 선발해서 한부모의 특성을 고려한 맞춤형 직업 교육을 지원한다. 근로장려금과 자녀장려금을 꾸준히 지원해서 한부모에게 취업 의지를 북돋우는 한편 한부모가족 지원 대상자 선정을 위한 소득 기준 산정 시 근로·사업소득에 대한 공제도 꾸준히 시행한다. 저소득 한부모가족 자녀(유아)에 대해서는 국공립유치원 우선입학 기회를 계속 보장하는 것은 물론, 사립유치원에 다니는 경우, 추가 학비(월 최대 20만 원)를 지원할 계획이다. 청소년 한부모에게는 임신이나 출산으로 인한 학업을 유예하거나 휴학해야 할 경우, 이를 계속 허용하면서도, 위탁교육기관과도 연계해 청소년한부모의 학업중단을 예방하도록 하고 있다. 자녀가 있는 한부모의 대학 진학 지원을 위해서 한부모에 대한 국가장학금, 국가근로장학금 우선 지원을 계속 추진하는 것은 물론, 평생 교육 지원을 위한 성인 맞춤형 재교육 과정도 운영하고, 학점을 제공할 수 있는 제도도 신설할 예정이다(출처 : 여성가족부, 보도자료 (2023. 4. 10.), "한부모가족과 동행하는 따뜻한 사회, 든든한 국가" 참조).

너무 일찍 부모가 된 어린 부모들에게

청소년 부모 가족과 청소년 한부모가족

일과 학업, 육아를 병행하는
청소년 부모 가족의 현실

2023년 11월 기준, 시즌 4까지 나온 프로그램이 있다. 바로 MBN에서 방송하고 있는 "고딩엄빠"이다. 말 그대로 고등학생 그러니까 10대에 부모가 된 엄마와 아빠들의 일상을 고스란히 보여주는 프로그램인데, 처음 이 프로그램이 나왔을 때 충격에 빠진 부모들이 많았다. '설마 내 자식도 어느 날 갑자기 손주를 데리고 오는 건 아니겠지?' 하는 걱정도 있었다. 하지만 이 프로그램이 우리 사회에 전하는 메시지는 묵직했다. '고딩엄빠'라고 불리는 10대 부모들도 있다는 현실을 더는 외면하지 말고 받아들이라는 분명한 신호였다.

「청소년복지지원법」 제1장 제2조 제6호에 따르면 청소년 부모 가구란, 자녀를 양육하는 부와 모가 모두 청소년인 사람들의 가구를 말한다. 2021년 기준으로 청소년 부모 가구 수는 2,954가구로 감소 추세에 있는, 특히 미성년자인 18세 이하 청소년 부모의 가구 수는 40가구로, 전체 청소년 부모 가구의 1.4%를 차지하고 있다.

청소년 부모 가구 수

연도	2016	2017	2018	2019	2020	2021
가구 수	8,771	7,557	6,188	4,900	3,760	2,954

〈 자료 : 통계청, 아동 가구 통계등록부 〉

여성가족부에서 실시한 〈청소년 부모 실태조사〉에 따르면 2021년 기준 청소년 부모의 평균 연령은 만 22.5세, 자녀 수는 평균 1.4명이며 자녀의 평균 연령은 1.8세이다. 임신 평균 나이는 21.2세였고 첫 출산 나이가 미성년인 청소년 부모가 14.1%를 차지하고 있었다. 임신 당시 청소년 모는 30.7%가 무직이었고 청소년 부의 주요 직업은 34.5%가 아르바이트와 같은 비정규직이었다. 특히 여성 청소년 부모 가운데 15.8%가 학업을 중단했는데, 주요 학업 중단 사유는 '임신·출산 사실이 주변에 알려지는 것이 싫어서'(45.2%), '아이를 맡길 곳이 없어서'(33.1%) 순이었다.

청소년 부모의 월평균 소득(세금, 사회보험료 등 제외)은 전체 가구소득 평균(435만 8천 원. 2022년 가계금융복지조사)의 약 68% 수준인 296만 원으로, 소득 항목별로 살펴보면 근로·사업소득이 222만 8천 원, 정부지원금이 55만 5천 원, 가족의 용돈이 15만 8천 원 등이었다. 2023년 8월 기준, 아동양육비 지원 대상인 중위소득 60% 이하 저소득 청소년 부모 가구의 자녀는 844명이었다.

> 아동양육비를 받아서 아기 옷이랑 신발을 제때제때 사줄 수 있어서 정말 좋아요. 그 전에는 주변에서 다 물려받았거든요. (중략) 고정적으로 매달 나오니까 생활에도 도움이 되더라고요.
>
> 〈청소년 부모 아동양육비 지원 사례〉

아동양육비 지원 덕분에 자녀의 옷을 마음 편히 사줄 수 있었다는 청소년부의 이야기이다. 2022년 '청소년 부모 현황 및 아동양육비 지원 실증연구'에 따르면 청소년 부모에게 필요한 지원으로 생계비, 양육비 등 현금 지원(65.7%), 시설 및 임대주택 등 주거지원(16.1%), 자녀와 본인 건강을 위한 의료지원(6.4%) 등을 꼽았다. 이에 따라 여성가족부에서는 청소년(만 24세 이하. 사실혼 포함) 부부로서 자녀를 양육하고 있는 기준 중위소득 60% 이하의 저소득 청소년 부모 가구 대상으로 자녀 1인당 월 20만 원의 아동양육비를 지원하고 있다. 하지만 2024년부터는 청소년 부모 아동양육비 지원의 소득 기준 역시 중위소득 60%에서 63%로 상향되며, 아동양육비 지원 단가도 월 20만 원에서 월 25만 원으로 인상된다. 이 지원금은 청소년 부모의 가족 특성상 자녀 양육과 학업, 취업을 병행하느라 필요한 경제적 부담을 줄여주는 데 도움이 될 것으로 기대된다.

어린 나이에 홀로 모든 짐을 짊어진
청소년 한부모가족의 현실

그렇다면 청소년 한부모의 상황은 어떨까? 통계청 아동 가구 통계등록부에 따르면 2021년 기준, 만 24세 이하인 청소년 한부모 가구 수는 3,024가구로 꾸준히 감소 추세에 있으며, 이 중 미성년자인 만 18세 이하 한부모 가구 수는 116가구로 전체 청소년 한부모의 3.8%를 차지한다. 청소년 한부모의 평균 연령은 22.7세로 1.1명의 자녀를 키우고 있으며, 첫 출산 나이가 만 18세 이하인 가구는 40.9%, 만 19세 이상인 가구는 59.1%인 것으로 나타났다.

청소년 한부모 가구 수

연도	2016	2017	2018	2019	2020	2021
가구 수	4,959가구	4,810가구	4,611가구	4,153가구	3,651가구	3,024가구

〈 자료 : 통계청. 아동 가구 통계등록부 〉

2023년 9월 기준 청소년 한부모 가운데 정부 지원 대상인 중위소득 72% 이하 저소득 청소년 한부모는 1,726가구로 전체 청소년 한부모 가구(3,024)의 60% 정도가 정부의 지원을 받고 있으며 1,708명이 아동양육비를 지원받고 있다. 한편 청소년 한부모 가구의 월평균 소득은 월 160만 6천 원으로 전체 가구의 월평균 소득(416만 9천 원)의 38.5% 수준에 불과하다. 다른 유형의 가족과 비교해 청소년 한부모 가족이 경제적으로 매우 어렵다는 것을 알 수 있는 대목이다.

19세 고3 때 첫 아이를 낳고, 2년 뒤 둘째를 낳았어요. 여성가족부로부터 청소년 한부모 아동양육비, 자립촉진수당을 받고 나서부터 경제적으로 훨씬 여유로워진 것 같아요. 아이가 둘이어서 양육비도 두 명분을 받다 보니, 지원을 받기 전보다 경제적으로 여유가 생긴 것 같아요(청소년 한부모 지원 대상자 김○○).

〈청소년 한부모가족 아동양육비 지원 사례〉

청소년 한부모가족의 열악한 경제 상황을 고려해서 여성가족부에서는 소득인정액 기준 중위소득 65% 이하인 청소년 한부모가족을 대상으로 아동양육비, 자립촉진수당 등을 지원하고 있다.

지원 구분	청소년 한부모 아동양육비	청소년 한부모 자립촉진지원	
		청소년 한부모 검정고시 학습비	청소년 한부모 자립촉진수당
지급 시기	월별 지급	수시지급(신청 시)	월별 지급
지원액	월 35만 원	연 154만 원 이내 (최대 2년)	월 10만 원
지원대상	기준 중위소득 65% 이하	기준 중위소득 65% 이하 (교육급여 수급자 제외)	기준 중위소득 65% 이하

다만 2024년에는 0~1세 영아를 양육하는 청소년 한부모를 대상으로 한 아동양육비 지원 단가를 35만 원에서 40만 원으로 인상할 계획이다.

다문화 가족

2022년 현재 다문화 가구원 수는 115만 명으로 전체 인구 5,169
명의 2.2%를 차지하고 있다. 2022년 11월 기준, 행안부가 시행
한 재외국민 주민현황조사 가운데 국적별 결혼이민자와 귀화자 현
황을 살펴보면, 중국(한국계)이 129,037명으로 가장 많고, 베트남
(87,022명), 중국(76,075명), 필리핀(21,529명), 일본(14,432명), 캄보디아
(9,386명), 태국(7,983명), 몽골(4,273명), 미국(11,106명), 기타(38,738명)
순이었다.

우리나라 다문화가족지원정책은 2006년에 시작해 2008년 다문
화가족지원법을 제정하면서 본격적으로 지원정책 수행을 위한 법
적·제도적 기반을 마련했다. 다문화가족지원정책을 총괄·조정
하기 위해 국무총리를 위원장으로 하는 다문화가족정책위원회가
2009년부터 운영되었고, 다문화 가족을 지원하는 가족센터도 전국

적으로 설치되었다. 가족센터에서는 한국어 교육, 부모교육, 다문화 가족 상담, 통·번역서비스 등을 지원해 다문화 가족의 한국 사회 초기적응과 정착을 지원한다.

그동안의 다문화 가족 정책은 통·번역, 한국어 교육 등 결혼이민자의 초기적응 지원과 영유아기 자녀 양육지원에 중점을 두어 추진되어 왔으나, 최근 다문화 아동·청소년이 증가함에 따라 정책도 이들의 교육과 성장을 지원하는 데 중점을 맞추는 쪽으로 바뀌고 있다.

다문화 아동·청소년은 학교생활에 잘 적응하지 못해 동일 연령대 전체 아동·청소년 대비 고등교육취학률이 2021년 기준 31%(전

다문화가족참여회의 장면

체 취학률 71.5%, 다문화 가족 40.5%)밖에 되지 않아 학업과 진로 등에 초점을 둔 맞춤형 지원이 필요하다.

다문화 가족의 가구 유형도 다변화하고 있다. 한국에 와서 15년 이상 장기 정착한 결혼이민자가 증가[2]하고 있으며 다문화 한부모가족도 늘고 있다. 한편 이혼·사별 등으로 한국 국적의 자녀를 데리고 본국으로 귀환하는 결혼이민자도 생겨나고 있다.

이런 현실을 개선하기 위해 여성가족부에서는 다문화 가족의 안정적인 생활환경 조성과 다문화 청소년의 동등한 출발선 보장을 목표로 '제4차 다문화가족정책 기본계획'을 발표했다. 그 주요 내용은 다문화 아동·청소년의 성장단계별 돌봄, 기초학습지원, 상담을 통한 진학, 진로 개발 등으로 맞춤형 지원의 범주를 확장한 것이다.

* 기초학습 지원 : (2022년) 90개소 → (2023년) 138개소 → (2024년 이후) 단계적
  확대 목표

특히 그동안 가정에서 엄마, 아빠의 모국어는 배울 기회도 사용할 기회도 없었는데, 가족센터 안에 이중언어 교실을 운영함으로써 이중언어 능력을 갖춘 다문화 아동·청소년을 양성하고 우수한 다문화 청소년에게는 해외 장학생 추천 등 국제교류의 기회도 제공할 계획이다. 또 학력 격차 완화와 사회로의 동등한 진입을 위해 청소년 상담사를 통한 진로 상담과 대학생 멘토링 시행으로 진로 개발을 돕

고, 만 19세 이상 다문화 청소년 증가에 따른 실태조사도 시행할 계획이다.

기존에는 결혼이민자의 초기 정착에 초점을 두었지만, 결혼이민자의 장기 정착 추세에 맞추어 점차 가족관계 증진과 노년기 준비 교육에 관한 프로그램을 개발할 계획이다. 또한, 재난 안전 교육, 디지털 미디어 리터러시 교육 등 생활밀착형 교육을 마련하고, 다문화 한부모의 자녀 양육을 지원하고, 본국으로 귀환한 결혼이민자와 한국 국적의 동반자녀의 해외 체류, 법률상담 등 현지 생활 지원방안에도 적극적으로 개입할 계획이다.

세상 모든 '우영우' 가족이
소외되지 않는 사회를 위해

드라마 '이상한 변호사 우영우'가 화제였다. 자폐 스펙트럼 장애 변호사인 주인공이 주변 인물들과 맺고 있는 다양한 관계성과 그가 맡는 사건들이 던지는 질문들까지 묵직한 이야깃거리가 많았다. 그 중에서도 한부모가족 지원정책의 책임자로서 눈길을 끈 것은 우영우의 가족이었는데 보는 내내 참 여러 가지 생각이 스쳤다.

2021년 기준 만 18세 이하 자녀를 양육하는 한부모가족은 약 37만 가구였다. 이중 아버지와 자녀로 구성된 부자가족은 약 12만 가구, 그중 우영우 변호사 가족같이 아버지가 미혼부인 가구는 약 6천 가구였다. 소수 중에서도 소수다. 지금도 소수인 우영우의 가족이 그간 사회적 편견 속에 겪어 왔을 어려움이 얼마나 많았을까 생각하면 마음이 짠하다.

2003년 이전에는 '부자가족'이 현실에만 있을 뿐 법과 행정체계에서는 없는 존재였다. 「한부모가족 지원법」의 전신인 「모자복지법」의 정책 대상에는 부자가족이 포함되어 있지 않았다. 1989년 제정 당시 모자가족 지원에는 누구나 공감했지만, 당시 상대적으로 많지 않았던 부자가족은 정책의 우선순위에서 비켜나 있었다. 그러다가 2003년 「모자보건법」이 「모·부자보건법」으로 개정되면서 비로소 부자가정의 존재가 법과 행정에서 보이기 시작했다.

그뿐일까. 우영우의 아버지는 딸의 출생신고도 쉽지 않았을 것이다. 최근에는 제도가 많이 바뀌었지만, 미혼부는 아이의 출생등록에서부터 갖은 난관에 부딪히게 된다. 얼마 전까지만 하더라도 아빠와 아이의 유전자 검사결과가 일치하는데도 엄마의 이름이나 등록기준지, 주민등록번호 등 신상정보를 알지 못하는 경우에만 법원의 판단을 받아 출생신고를 할 수 있었기 때문이다. 그동안 이런 이유로 출생신고를 하지 못한 아이들은 우리 사회에서 '투명인간'이 되어 사회 안전망 바깥으로 내몰려 왔다.

이제는 누구나 아는 '한부모가족'이라는 이름도 마찬가지다. 한부모가족이라는 용어가 생기기 전까지 모·부자가족은 '편모, 편부가정'이라고 불렸다. 당사자에게는 낙인과도 같았던 이런 호칭은 모·부자복지법이 '한부모가족 지원법'으로 개정된 2008년을 기점으로 점차 사라졌고 이제는 한부모가족이라는 이름이 더 보편적으로 자리 잡았다. 오늘날 매년 5월 10일을 '한부모가족의 날'로 정해 법정

기념일로 기념하고 있는 것을 생각하면 큰 변화가 아닐 수 없다.

한부모가족 정책의 역사는 이렇듯 어려움을 겪는 한부모가족의 현실과 정책 사이의 거리를 좁히며, 우리 사회에서 소외되었던 영역을 조금씩 끌어안는 시간이었다. 비록 속도는 느렸을지언정 한부모가족 지원제도는 꾸준히 변화를 거듭했다. 덕분에 이제는 양육과 생계를 혼자 책임지는 저소득 한부모가족을 위해 아동양육비를 지급하고, 양육비를 주지 않는 채무자에게 출국금지와 운전면허 정지, 명단공개라는 사회적 불이익을 줌으로써 좀 더 안정적인 환경에서 자녀를 키울 수 있도록 돕고 있기 때문이다. 여성가족부는 한부모가족의 든든한 동반자로서 이들이 더 나은 미래를 꿈꾸며 살아가기를 오늘도 응원하고 있다.

한부모가족을 더욱 제대로 지원하는 방법도 계속 고민하고 있다. 아동양육비 지원의 문턱을 낮춰 더 많은 한부모가족을 지원하고, 양육비 지급을 더 확실하게 유도할 방법도 연구 중이다. 한부모가족복지시설과 임대주택 지원을 통한 한부모가족 주거지원에서도 더 실질적인 도움이 되도록 담당 직원들이 관계부처와 민간의 여러 전문가를 만나 열심히 토론 중이다.

이 같은 노력으로 우영우 가족이 자신들의 존재를 인정받기 위해 거쳐야 했던 모든 장벽이 이제는 조금 낮아졌기를 바란다. 더불어 한부모가족을 포함한 세상 모든 가족이 그 존재만으로도 인정받고,

다양한 삶이 하나도 소외되지 않도록 하는 데 필자와 여성가족부 직원 모두는 최선을 다하고 있는 것처럼 함께 살아가는 우리 사회구성원도 모두가 같은 마음이기를 바란다(파이낸셜신문. '22. 8. 22.).

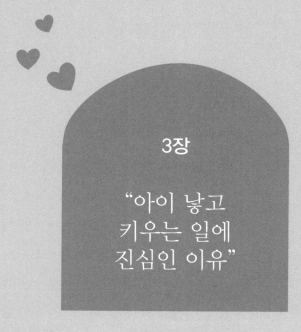

3장

"아이 낳고
키우는 일에
진심인 이유"

저출산 시대의 자녀 양육

평생 일하면서 자녀를 키우다

나의 아버지, 어머니 그리고 시부모님

나는 평생 농림부(현 농림과학축산부)에서 공직생활을 하셨던 아버지와 전업주부로 내조를 하셨던 어머니 사이에서 태어난 4남매 중 고명딸이었다. 하나밖에 없는 딸이었기 때문에 아버지는 특별히 나를 애지중지하며 사랑해 주셨다. 공직에서 빠듯한 생활을 하면서도 아버지는 초등학교 2학년 때 내가 그렇게 원했던 피아노를 사주셨다. 그날의 기쁨은 평생 잊을 수 없는 추억이다. 지금은 피아노가 흔하지만 그때는 피아노가 있는 집이 그리 흔치 않았다. 딸이 하나였기에 누릴 수 있는 호사였으리라. 그리고 또 다른 호사는 남자 형제들과 달리 언제나 늘 독방을 쓴 것이었다. 저녁이면 아버지가 꼭 내 방에 들러서 유리창에 커튼을 쳐 주시던 기억이 아직도 생생하다. 돌아보면 참 자상한 아버지였다. 고3 시절에는 학원 새벽반을 다니느라 아침밥도 못 먹고 집을 나서는 나를 위해 하루도 빼놓지 않고 도

시락 두 개를 학교 경비실에 맡기고 출근하셨을 정도로 아버지의 자식 사랑은 끔찍했다.

어머니는 전업주부였지만 언제나 학구열이 넘쳤다. 내가 피아노를 배울 땐 어머니도 피아노를 배웠고, 초등학교 시절 배웠던 일본어를 더 연마하기 위해 일본어를 공부하시던 모습도 눈에 선하다. 나이 들어서는 붓글씨를 배우며 언제나 책을 손에서 놓지 않으셨다. 이렇게 매사 열심히 배우고 공부하던 어머니가 내가 어렸을 때부터 늘 해주신 말씀이 있다. "너는 엄마처럼 전업주부로 살지 말고 꼭 멋지게 사회활동을 하면서 살아야 한다." 이것이 어머니가 나에게 했던 유일한 부탁이자 잔소리였다.

그 당시만 해도 여자는 좋은 남편 만나서 결혼 잘하는 것이 최고라고 여기는 분위기가 강했다. 그런데 그런 말을 했던 기억이 전혀 없는 것을 보니 어머니는 내게 그런 강요는 거의 안 하셨던 것 같다. 덕분에 나는 어렸을 때부터 자연스럽게 일하는 엄마로 살아가면서 인생을 개척하는 삶을 꿈꿔왔다. 그리고 너무도 당연히 나는 임시직장이 아닌 평생직장을 찾게 되었다.

내가 대학을 졸업했던 시기는 워낙 경제 호황기라서 비교적 취업이 잘 됐다. 나도 운 좋게 한 투자금융회사에 대졸 신입사원으로 입사했다. 하지만 1980년 중·후반 한국에서 여성에게 가장 중요한 것은 결혼이었고 직업은 그다음이었다. 이런 사회적 분위기 때문에 당시 금융회사를 비롯한 기업 대부분에서 여성은 결혼하고 임신하면 퇴사한다는 암묵적인 규칙이 있었다.

그런데 1987년 금융기관에서 여행원 결혼퇴사제가 폐지됐고, 1989년에는 한국전기통신공사가 여자에게만 정년을 43세로 적용해 조기 퇴직시키자, 한 여성 교환원이 퇴직 무효 확인 청구 소송을 냈고 대법원에서 최종 승소했다. 이 무렵부터 여성에 대한 차별을 바로잡자는 사회적 요구가 봇물 터지듯 높아졌다. 나도 이러한 사회 분위기에 영향을 받아 남녀 차별이 없고 비교적 공정한 대우를 받는 공무원의 길을 가기로 마음먹었다. 하지만 결혼 후 매일 아침 일찍 일어나 1시간 거리로 출근을 하고 저녁 8시가 되어서야 퇴근하는 일상은 너무 바쁘고 고단했다. 그때는 지금같이 일과 가정을 양립하는 문화가 확산하지 않았을 때이고 야근도 비일비재한 데다 당시 KT를 다니던 남편도 바쁘기는 마찬가지였기 때문이었다.

결혼 1년 후 첫 아이가 태어났고, 정말 다행스럽게도 늘 나의 사회생활을 지지해 주셨던 친정 부모님께서 아이를 돌봐주시기로 했다. 그때부터 아이가 어린이집을 다닐 때까지 도와주셨는데, 그 무렵이었을까? 아이가 동생을 만들어 달라고 졸라댔고 네다섯 살 즈음에는 얼마나 동생을 원했던지 유모차에 인형을 앉혀 놓고 동생인 양 밀고 다니기도 했다. 그런 아이의 모습에 마음이 흔들렸지만, 친정 부모님의 힘을 빌리면서도 아이 키우며 직장 생활을 하는 것이 너무 힘들어서 둘째를 낳을 생각은 엄두조차 내지 못했다. 하지만 문득 우리 부부가 세상을 떠난 장례식장에 혼자 덩그러니 앉아 있을 아들의 외로운 모습을 생각하니 마음이 착잡했다. 그렇게 해서 미루고 미루던 둘째를 낳았다. 큰 아이와 아홉 살 터울의 딸이었다.

몇 해 전까지만 해도 그렇게나 원했던 동생이 태어났건만, 아들은 그 시기가 이미 지나서인지 동생을 그리 달가워하지 않았다. 나이 차가 워낙 많아서였을까? 아들은 동생이랑 같이 다니는 일조차 거의 없었다. 딸도 마찬가지였다. 오빠를 좋아했지만 자기 또래보다 한참 큰 오빠가 집에 있으면 친구들을 집에 데리고 오지 않았다. 다행히 터울이 큰 딸아이도 친정 부모님의 도움으로 키울 수 있었다. 딸은 아버지가 정년퇴직하신 후에 태어난 덕분에 다섯 살이 될 때까지 아버지와 어머니 손에서 자랄 수 있었다.

당시 아버지는 내가 출근할 때쯤 우리 집에 오셔서 손녀를 업고 동네 한 바퀴를 도는 것으로 하루를 시작하셨다. 어떤 날은 동네 골목의 강아지, 약국, 버스정류장을 구경했고 또 어떤 날은 전철을 타고 올림픽공원에 가서 산책도 하셨다. 이렇게 딸아이는 외할아버지 등에 업혀서 세상 구경을 하며 자랐다. 그래서 그런지 딸은 외할아버지의 1등 팬이 되었다. 내가 조금이라도 외할아버지에 대한 불만을 이야기하면 딸아이는 토라지기 일쑤였다. 그래서 우리 식구 중

누구도 딸 앞에서는 외할아버지 흉을 볼 수 없었다.

그런데 딸이 유치원에 다닐 무렵 친정 부모님이 고향인 가평으로 이사하신 뒤부터는 아이들 육아가 오롯이 우리 부부의 몫이었다. 남편이 매일 늦게 퇴근하다 보니 딸아이 육아는 결국 내 담당이 되었는데, 그나마 어린이집과 돌보미 아주머니의 도움이 있어서 겨우겨우 아이를 키울 수 있었다. 아이가 초등학교에 입학한 후에는 우리 집 근처에 사는 초등교사인 큰 형님이 나 대신 학교 행사에 참석해주셨고 그마저도 안 될 때는 세종시에 계신 시부모님에게 SOS를 쳐야 했다.

아들은 방학 때마다 세종시 연기군에 있는 시부모님댁에서 지냈다. 평생 초등학교 선생님을 지낸 시아버지께서는 우리 부부보다 더 자상하게 아들의 방학 숙제 등을 봐주셨다. 내리사랑이라고 했던가. 워낙 식욕이 좋았던 손자를 조치원 읍내까지 데리고 나가 짜장면과 햄버거를 실컷 사주셨다. 차도 없이 한참을 걸어가면서 철없는 손자의 응석을 받아주셨던 시아버지의 인자한 모습은 지금도 그립다. 시아버지는 며느리 사랑도 지극했다. 서울에 오셔서도 일하는 며느리가 식사 준비하느라 힘들지 않게 매번 어머니와 바깥에서 식사를 드시고 오셨다. 명절 때는 한 번도 빼놓지 않고 "힘든데 고향에 오지 말고 집에서 쉬어라" 하고 말씀하셨다. 그러시면서도 우리 가족이 내려가면 아주 좋아하셨다.

어느 해 추석, 평소 자주 신고 다니던 구두를 신고 시댁에 내려갔는데 시아버지는 며느리의 꾀죄죄한 구두가 마음에 걸렸던 모양이다. 집에 갈 때 구두를 신으려고 보니 구두가 반짝반짝 빛났다. 시아버지가 손수 구두약을 묻혀 닦아주신 것이었다. 내가 서기관으로 승진했을 때는 얼마나 좋으셨던지 양화리 마을 주민들을 모두 초청해 마을 잔치까지 열어주셨다. 돌아보니 내가 지금까지 일을 포기하지 않고 두 아이를 잘 키울 수 있었던 것도 다 양가 부모님의 사랑과 도움 덕분이었다. "한 아이를 키우려면 온 마을이 나서야 한다"는 아프리카의 속담처럼 나도 두 아이를 키우는 동안 양가 부모님, 큰형님, 어린이집, 돌보미 아주머니, 이웃 친구 엄마 등 정말 많은 분의 도움을 받았다. 아마 주변의 이런 도움이 없었더라면 일하면서 아이를 키우기가 불가능했으리라는 것을 워킹맘들은 충분히 이해할 것이다. 그런데 지나온 모든 길은 경험이 된다고 했던가.

그 당시 일하고 아이 키우느라 발 동동거리면서 열심히 살았던 기억밖에 없는데 젊은 시절 내가 워킹맘으로 겪었던 경험들이 차곡차곡 쌓인 덕분에 훗날 여성가족부 가족정책국장으로, 한국청소년상담복지개발원 이사장으로, 그리고 지금은 여성가족부 차관으로 맞벌이 부부와 청소년, 그리고 그 가족들을 위해 실질적인 지원사업을 펼칠 수 있었다. 부디 지금을 사는 여러분은 지난 시절의 나보다 더 나은 환경에서 아이를 낳고 기를 수 있기를⋯. 무엇보다 양가 부모님, 가족들, 친구들의 도움이 없어도 아이를 키우는 데 큰 어려움이 없기를 바라며 지금 이 순간에도 내 지난날에서 해답을 구해 본다.

나의 어머니 두분과 함께(왼쪽이 시어머니이시다)

행복한 육아가 되도록…

아이돌봄 서비스 사업

어린 자녀를 둔 맞벌이 부부의 일상은 한바탕 전쟁을 치르는 것과 같다. 아침은 보통 일찍 일어나기 싫어하는 어린 자녀를 깨워 옷을 입힌 후 차에 태워 어린이집에 데려다주고 출근하는 것으로 시작한다. 자신의 아침밥을 챙겨 먹는 것은 고사하고 회사에 와서 커피 한 잔 마시고 나면 오후가 된 것처럼 몸이 나른해진다. 그렇다 보니 어떤 부모는 아침 시간을 절약하기 위해 전날 밤에 아이가 아침에 입을 옷을 미리 입혀서 잠자리에 들게 한다고 한다. 어디 그뿐이랴. 하원 시간에 맞추어 퇴근을 못 해서 발을 동동 구르는 일도 비일비재하다. 실제로 2021년 양성평등실태조사에서 12세 이하의 아동이 있는 가구의 취업자 여성(54.7%)과 남성(43.7%)은 "직장과 가사·양육·돌봄을 병행하는 데 어려움이 있다"라고 응답했다.

아이돌봄 서비스는 이렇게 시설 보육이 채워주지 못하는 맞벌이 부모의 돌봄 수요를 위해 마련한 것이다. 부모가 맞벌이를 한다거나 해서 양육 공백이 발생한 가정의 만 12세 이하 아동을 아이돌보미가 직접 집으로 찾아가서 돌봄서비스를 제공하는 것이다. 서비스 이용비용도 이용 가구의 소득 기준에 따라 정부가 지원하는데, 많게는 서비스 이용 금액의 85%, 적게는 15%까지 차등지원을 받을 수 있다.

아이돌봄 서비스 사업은 여성가족부가 2009년부터 시범사업으로 시작한 것으로 2011년 내가 가족정책관으로 재직할 당시 이 사업을 좀 더 체계적으로 운용할 수 있도록 법 제정안을 만들었으며, 2012년에 드디어 「아이돌봄지원법」이 제정되었다. 이후에도 아이돌봄 서비스의 품질을 높이고 부모들의 이용 부담을 낮추기 위해 정부는 꾸준히 노력했다. 2023년에는 아이돌봄 서비스를 하루 4시간 이용할 수 있도록 정부 지원 시간을 연 960시간으로 확대했다. 그 전에는 총 이용 가능 시간이 연 840시간이었는데 120시간이나 늘어난 것이다. 정부가 이용료를 지원하는 대상 가구도 중위소득 150%까지로 확대해 많은 가정이 지원받을 수 있게 되었다.

또한 아이를 돌보는 서비스인 만큼 돌봄서비스의 질을 높이기 위해 매년 돌보미에 대한 모니터링과 이용자 만족도 조사를 시행하고 있으며, 아이돌보미 채용 시 인·적성검사도 진행하고 있다. 그 결과, 아이돌봄 서비스 만족도는 2022년 90.9점으로 매우 높았고, 아이돌봄 서비스 이용자 중 93.9%가 희망할 정도로 국민에게 사랑받는 서비스로 자리 잡았다. 무엇보다 아이돌보미 선생님의 도움 덕분에 경력단절과 산후 우울증, 독박육아의 좌절감 등을 극복한 사례가 많아 고무적이다. 실제로 아이 셋을 키우며 사업을 하던 A씨는 양가의 도움을 전혀 받을 수 없었는데 아이돌보미 선생님 덕분에 폐업의 위기를 넘기고 넷째까지 낳아 키우게 되었다고 한다. 다음은 2022년 아이돌보미 우수 수기 공모전 대상 수상작이다.

서른 살에 11개월 연년생의 엄마가 된 것을 알게 된 날. 난 깊은 수렁에 빠진 것만 같았다. 그렇게 극한의 육아가 시작되었다. 이제 돌쟁이인 첫째를 돌보며 신생아를 키우는 것은 쉬운 일이 아니었다. 그때 마침 아이돌봄 선생님이 연계되었다는 전화를 받았다. 현관문을 열자 선생님은 내가 인사를 하기도 전에 "이 가정에 평화가 있기를 빕니다" 하고 축복의 말씀을 하신 후 들어오셨다. 그 말씀과 음성이 '혼자가 아니에요. 도와주러 왔어요'라는 천사의 말처럼 느껴졌다. 그 순간 몇 달 동안의 외로움과 힘들었던 마음이 위로받은 듯 울컥했다. 둘째가 8개월이 되던 그 무렵 비로소 사랑스러운 둘째 아이의 얼굴이 내게 보이기 시작했다. 정말 사랑스러운 그 존재를 너무 늦지 않게 그때라도 사랑으로 안아줄 수 있었다. 진심으로 감사하다. 아이돌보미의 방문은 나의 마음 체력과 몸 체력을 튼튼하게 길러주었고, 그 체력은

나뿐만 아니라 우리 가정에도 새로운 봄기운을 움트게 했다.

아이돌봄 서비스는 이렇게 이용가정에 많은 도움을 주고 있는데 현재 아이돌보미 공급인력이 부족해서 신청 후 대기 기간이 매우 긴 상황이다. 이렇게 공공 아이돌봄 서비스를 이용하지 못하는 일부 맞벌이 가정에서는 전액 자부담으로 민간돌봄 서비스를 이용하고 있다. 그런데 문제는 비용도 비용이지만 무엇보다 도우미가 믿고 맡길 수 있는지 검증하기가 어렵다는 것이다. 이것이 민간 아이돌보미를 이용하는 많은 부모가 염려하는 부분이다. 하지만 민간 아이돌보미와 서비스 제공기관에 대해서는 정부가 특별히 법적인 관리를 하고 있지 않아 정확한 실태 파악에 어려움이 있다.

이에 따라 2023년 2월 여성가족부에서는 공공돌봄 서비스의 공급을 확대하고, 민간돌봄 서비스의 품질을 끌어올리기 위한 아이돌봄 서비스 고도화방안을 마련해 발표했다. 아이돌봄 서비스에 대한 정부 지원을 확대하고, 돌봄 인력에 대한 국가자격제도와 민간 돌봄 서비스 제공기관 등록제도를 도입하겠다는 것이 핵심내용이다. 궁극적인 목표는 부모가 좀 더 안심하고 자녀를 맡길 수 있는 양육환경을 조성하겠다는 것이다.

관련 예산도 증액했는데 2024년 아이돌봄지원 예산은 전년 대비 32% 증액한 약 4,679억 원이다. 이로써 정부 지원 가구 수는 2023

년 8만 5천 가구였는데 2024년에는 11만 가구까지 늘어난다. 그리고 점차 예산을 늘려서 2027년에는 23만 가구까지 확대할 계획이다. 또한 2024년부터는 두 자녀 이상 가구에 다자녀 가구 혜택을 부여해 본인부담금의 10%를 추가로 지원할 계획이다. 이제 우리 사회가 두 자녀를 둔 가구도 다자녀가구로 인식해 여러 가지 정책적 지원을 제공하게 된 것이다. 실제로 주택구매나 차량 취득세 등에서 두 자녀 가구에도 다자녀가구 혜택을 주고 있다.

또한 24세 이하 청소년이 한부모이거나 청소년 부모인 경우, 아이 키우기가 더 어렵다는 점을 고려해 중위소득 150% 이하 가구 중 1세 미만의 아동을 양육하는 경우 소득 기준과 관계없이 서비스 이용의 90%를 지원할 예정이다. 아울러 최저시급 수준이던 아이돌보미 수당도 전년도 시급 9,630원에서 2024년에는 5% 인상된 10,110원으로 책정해 정부 예산안을 편성했다. 그간 아이돌보미는 서비스 제공 기간에 채용된 후 돌보미 교육을 받았는데 내년부터는 교육받은 후에 채용하는 방식으로 전환된다. 이 교육은 고용노동부에서 실시하는 내일배움카드를 활용해 이수하도록 하고, 민간의 아이돌보미도 자신이 원한다면 양성 교육에 참여할 수 있다. 이렇게 교육과정의 질적 수준을 개선하고 교육시간도 확대함으로써 돌봄 인력의 전문성과 자질도 높아질 것으로 기대한다.

"독박육아 말고 공동육아를 하세요"

공동육아나눔터

    혼자 하는 육아를 흔히 '독박육아'라고 한다. 이것이 얼마나 힘든지 독박육아를 하게 될까 봐 무서워서 결혼하기 싫다는 젊은이들도 있다. 나는 둘째 아이를 출산한 뒤 1년 동안 육아휴직을 한 적이 있다. 처음 몇 개월은 아이가 예뻐서 힘든 줄도 모르고 아이에게 최선을 다하겠다는 생각으로 첫아이 때 못했던 육아일기도 써보고 직접 이유식도 만들어 보았다. 그런데 시간이 흐를수록 육아와 가사노동에 지쳐 어느새 나도 모르게 사무실에 출근하던 시절이 그리워졌다. 직장에 출근하면 바빠도 책상에 앉아 커피도 한 잔 마시고 동료들과 담소를 나누는 시간도 가질 수 있었다. 그런데 휴직 기간에는 온종일 돌보던 딸아이가 잠들면 금세 큰애가 돌아와 밥을 차려줘야 했고, 저녁마다 빨래가 쌓여 잠시도 편히 앉아 있을 시간이 없었다. 어느 날 딸아이가 그 시절 사진을 보면서 엄마는 왜 이리 미운 모습으로 찍은 사진만 있느냐고 핀잔을 줬다. 그 당시 사진 대부분에 나오는 나는 잠옷 차림에 졸음 가득한 눈으로 딸에게 우유를 먹이는 모습이었다. 남편은 왜 하필 그런 장면만을 골라서 찍었는지 지금도 이해할 수 없지만, 아마도 아이의 예쁜 모습을 담느라 엄마의 피곤한 모습은 눈에 들어오지 않았으리라.

　사람은 몸이 힘들면 결국 지친다. 육아도 마찬가지다. 육아의 짐을 엄마 혼자 지다 보면 쉽게 지쳐서 결국 아이에게 짜증을 부리거나 주부 우울증에 걸리는 일이 생긴다. 요즘은 과거처럼 대가족제도가 아니어서 부모 말고는 육아에 동참해주는 사람이 적다. 따라서 자녀 양육에 대한부모의 부담감을 덜어주고 고립감을 해소해줄

대전시 공동육아나눔터

필요가 있다. 그래서 만든 것이 공동육아나눔터이다. 여성가족부에서는 2010년 우선 5개 지역에서 시범사업을 시행했다. 아파트 단지 내에 주민공동시설, 가족센터, 편의 · 문화시설 등에 이웃과 함께 자녀를 돌보는 공간을 만들었다.

부모들은 이곳 공동육아나눔터에 와서 자녀 양육에 대한 정보를 나누고, 장난감, 도서, 육아 물품도 서로 교환한다. 참여자들도 재능 기부를 통해 자녀 성장발달을 돕는 놀이지도, 문화 · 체육활동 등 그룹 돌봄 활동을 하고, 서로 돌아가면서 자녀를 돌봐주는 돌봄 품앗이도 한다. 공동육아나눔터는 말하자면 지역의 돌봄공동체라고 볼 수 있다. 2023년 현재 전국 지역에 395개소를 운영하고 있으며, 2024년에는 435개소로 확대할 예정이다. 최근에는 영유아 품앗이뿐만 아니라 지역의 수요에 따라 맞벌이 가정의 초등 자녀를 일시적으로 돌봐주거나 이들을 위해 야간, 주말, 방학에 운영하는 곳도 있다.

기업 중에서도 '공동육아나눔터' 사업에 관심을 두고 도와주는 곳이 있다. 신한금융그룹은 여성가족부와 협약을 맺고 사회공헌기금 90억 원 규모를 투입해 시설 리모델링을 지원하고 LH 공사에서는 행복주택 등을 건립할 때 공동육아나눔터를 우선 설치하도록 했다. 한편 외진 곳에 근무하는 군인 가족을 위해 국방부는 여성가족부와 협력해 군 관사 내 공동육아나눔터를 설치, 운영하고 있다.

공동육아나눔터를 이용한 부모들은 한결같이 자녀 양육에 많은 도움을 받았다고 이야기한다. 연년생 남매를 키우고 있던 어느 맞벌이 엄마는 학교에서 아이가 적응하지 못해서 힘들었는데 아파트 주변에 생긴 공동육아나눔터를 이용하면서부터 아이가 달라졌다고 한다. 아이가 개방적이고 수용적인 공동육아나눔터에서 다양한 경험을 하면서 제 스스로 바른 언어를 사용하려고 노력하고, 아나운서의 꿈까지 키우게 되었다고 한다. 공동육아나눔터에서 아빠육아 프로그램에 참여했던 한 아빠는 육아를 통해 가족 모두 긍정적인 변화를 경험했다고 한다. 품앗이 활동을 하던 엄마가 지역의 전통시장 상인들과 인연을 맺었는데, 상인들이 자연스럽게 이웃 자녀들의 안전에 관심을 느껴 시장 주변 마을 도로에 교통안전시설을 설치했다는 곳도 있다. 공동육아나눔터가 지역사회 이웃들이 함께 참여하는 돌봄 공동체로 확장된 것이다. 공동육아나눔터를 이용하는 자녀들은 부모들과 함께 서로 나누고 배려하는 마음, 혼자보다는 함께하는 것이 더 즐거운 긍정적인 경험을 한다는 것을 증명해 준다.

'일터가 달라지면 대한민국
가정이 행복해집니다'

가족친화 인증

자녀 양육을 할 수 있는 '일·가정 양립 문화'를 확산하기 위해서는 일터 문화부터 바꾸어야 한다. 이를 위해 정부에서는 2008년부터 자녀출산과 양육지원, 유연근무제도 등 근로자의 일·가정 양립에 도움이 되는 제도를 운용해온 모범적인 기업에 '가족친화 인증'을 해주는 제도를 마련했다.

가족친화 기업으로 인증받기 위해서는 최고경영층의 리더십(10점), 가족친화 제도 도입(70점, 자녀출산·양육과 교육지원, 탄력근무, 근로자와 부양가족 지원, 가족친화 직장문화 조성), 가족친화 경영 만족도(20점) 등 세 가지 지표의 점수를 합산해 중소기업은 60점, 대기업은 70점 이상을 획득해야 한다. 2022년 말 기준 가족친화 인증기업은 5,415개에 달한다. 이 중 대기업은 591개(10.9%), 중소기업은 3,706개(68.4%), 공공기관은 1,118개(20.7%)로, 이 중 공공기관은 2017년부터 가족친화 인증이 의무화되었다.

　이같이 가족친화 제도를 도입하고 가족친화 인증을 받기 위해서는 기업의 비용과 노력이 많이 든다. 그러나 가족친화제도를 도입한 기업의 경우 생산성이 높아진다는 연구결과가 많다. 요즘 2030세대는 급여가 많은 것보다 개인 생활과 회사 생활의 균형을 이룰 수 있는지가 더 중요한 기업 선택의 기준이라고 한다. 그 때문에 최근 들어 기업들의 가족친화인증제에 대한 관심은 점점 높아지고 있다.

　한편 정부에서도 기업의 가족친화 인증 참여를 높이기 위해 다양한 인센티브를 개발하고 있다. 그중 하나가 정부의 물품구매 적격심사 시 신인도 항목에 가점을 주는 것이다. 또한, KB 국민은행, IBK 기업은행, NH 농협은행, 신한은행, 우리은행, 한국수출입은행 등에서는 가족친화 인증 중소 · 중견기업에 투 · 융자 금리를 우대하고 있으며, 재무컨설팅도 제공하고 있다.

　여성가족부에서는 2022년부터 오랫동안 가족친화 인증을 유지한 기업을 '최고기업'(2022년 12개 지정)으로 지정하고 있다. 대기업은 15년 이상, 중소기업은 12년 이상 가족친화 인증을 유지한 경우 최고기업으로 지정된다. 최고기업은 가족친화경영에 선도적인 역할을 하는 만큼 법정규정을 웃도는 지원방안을 고민하고 실천할 수 있도록 자율실천 목표제도 도입했다. 최고기업으로 지정된 기업 중 하나인 ㈜산호수출포장은 2011년 가족친화 인증을 받은 중소기업으로 배우자 출산휴가 10일을 의무사용하도록 하고 있으며, 출생 축하지원금을 분기별 30만 원씩 8회에 걸쳐 총 240만 원을 지급하는 등 법정규정을 웃도는 제도를 시행하고 있다. 또 잉카엔트웍스는 배우자가 출산했을 때 3개월 동안 전면 재택근무를 시행하고, 근로자가 사무실 근무를 원하면 6개월간 급여 차감 없이 1시간 단축 근무를 시행하고 있다. 또한 19세 이하 자녀를 둔 직원을 대상으로 양육비 일부를 지원하고 장기 근속한 직원에게 5년마다 20일간 리프레시 휴가를 주고 있다.

이처럼 근로자의 일·가정 양립을 가능하게 하는 가족친화 인증 등 가족친화 문화 확산은 저출산 시대에 꼭 필요한 일터문화 혁신방안이라고 할 수 있다.

"부부가 함께해요!"

♥ ♥ ♥

공평한 가사분담과 맞돌봄 문화의 확산

우리나라 여성과 남성은 가사노동에 시간을 얼마나 사용하고 있을까? 통계청이 실시한 생활시간 조사에 따르면 2019년 맞벌이 여성의 평균 가사노동 시간은 3시간 7분, 남성은 54분으로 여성이 2시간 13분 더 많은 것으로 나타났다. 2014년에는 여성 3시간 13분, 남성 47분으로 여성이 2시간 26분 더 많았다. 2014년보다 아주 작은 수치이기는 하지만 남성의 가사노동 시간은 증가하고 여성은 감소하고 있다고 볼 수 있다. 그러나 너무나 근소한 차이라서 시간이 흘러도 가사노동 시간의 남녀차이는 거의 변하지 않았다는 것을 알 수 있다. 여성 외벌이가구에서도 가사노동 시간은 여성이 2시간 36분, 남성이 1시간 59분으로 여성이 37분 더 많았다.

이런 실제 가사노동 시간과는 달리 가사분담은 어떻게 해야 하는지를 물어보는 가사분담 인식조사에서는 남녀 모두 '공평하게 분담

해야 한다'는 인식이 높았다. 2022년 조사에서 여성은 69.4%, 남성은 60.0%가 공평하게 가사를 분담해야 한다고 응답했다.

그래서 여성가족부에서는 인식과 실제 생활의 틈을 줄이기 위해서 일·가정 양립문화의 모범국가로 꼽히는 스웨덴과 2020년부터 〈아빠 육아 사진전〉을 추진해오고 있다. 2023년에는 참여하는 국가를 스웨덴을 비롯해 유럽연합, 프랑스, 덴마크, 노르웨이, 스페인 등 7개 국가로 확대하고 '맞돌봄 사진·영상 공모전'을 공동으로 추진했다. 총 2천여 점의 사진과 영상이 접수되었고, 10월부터 코엑스와 서울시청 등에서 수상작 전시회가 열렸다. 대상 격인 으뜸상은 '자기 전에 즐겁게 치카치카'가 선정되었다. 삼 남매를 키우고 있는 엄마, 아빠가 솔선수범해서 양치하는 모습을 보여주어 하기 싫고 귀찮은 양치를 즐거운 놀이로 만드는 모습이 대국민 투표에서 가장 많은 호응을 받았다.

개인적으로는 아차상을 받은 가족들의 사진이 기억이 남는다. 한 동네에서 공동육아를 하며 만난 가족들이 마당에서 바비큐를 해 먹는 사진이었다. 백일이 막 지난 갓난아기부터 3살 꼬마들까지 8명이나 되는 아이들을 서로 틈틈이 돌보던 여러 엄마, 아빠들이 함께 모여 바비큐를 즐기는 모습을 아주 잘 담은 사진이었다. 혼자서 쌍둥이를 키우는 엄마의 집 마당에서 처음으로 열린 바비큐 파티에서 고기를 굽고 마시멜로를 구워 먹었던 그 엄마는 그 순간이 너무 행복하고 좋아서 눈물까지 흘렸다고 한다. 이웃과 함께하는 공동육아의 장점을 그대로 보여준 아주 인상적인 작품이었다.

맞돌봄문화확산을 위한 좌담회

다시 일하고 싶은 경력단절
여성들의 재취업 지원

여성새로일하기센터

우리나라는 OECD 국가 중에서도 여성의 고등교육기관 입학률은 상당히 높지만, 여성 고용률은 그리 높은 편이 아니다. 가장 큰 원인은 여성들이 임신과 출산 때문에 직장을 그만두는 비율이 높다는 점이었다. 정부에서는 그간 어떻게 하면 임신·출산으로 직장을 그만둔 경력단절 여성의 재취업을 더 잘 지원할 수 있을까를 고심해 왔다.

이명박 정부는 국정과제로 비경제활동 여성의 취업을 전담하는 '여성다시일하기센터(가칭)'를 지정해 운영하기로 했고, 2008년 6월에는 여성가족부와 고용노동부가 공동으로 총 16개 조항으로 구성된 「여성의경력단절예방 및 경제활동 촉진법」을 제정했다.

우선 여성이 접근하기 쉽고 취업지원사업을 해본 경험이 있는 기존의 여성인력개발센터, 여성회관 등 교육훈련기관을 여성새로일하기센터(이하 '새일센터')로 지정, 운영했다. 2009년 사업 첫해에는 전국 50개소에 불과했던 새일센터가 2023년에는 159개까지 늘어 전국 방방곡곡에 들어섰다.

2022년 기준 임신, 출산, 육아 등으로 경력이 단절되었던 약 55만 명의 여성이 새일센터를 통해 직업상담, 구인·구직 관리, 직업교육훈련, 인턴십, 취업연계와 사후관리 등의 밀착 서비스를 받을 수 있게 되었다. 새일센터 이용 인원 중 16만 명이 직업교육훈련을 받고, 다시 일터로 나갈 수 있었으며 그들 중 상용직 비율은 73.2%에 이르렀다. 새일센터를 이용하여 재취업에 성공한 어느 여성은

여성새로일하기센터 방문(동부여성발전센터)

'누구누구의 엄마로만 불리다가 직장에 나가면서 내 이름으로 불리니 나 자신을 다시 찾은 것 같다'면서 감동의 눈물을 흘렸다. 이렇게 새일센터는 경력이 단절된 여성들이 다시 직장의 문을 두드릴 수 있도록 용기와 자신감을 심어주며, 자신의 적성을 찾아 교육훈련을 받고 재취업할 수 있도록 도와주는 든든한 지원군 역할을 해왔다.

새일센터의 기능과 특성도 점차 정책 수요자에 맞춰 계속 탈바꿈했는데, 2015년에는 새일센터 유형을 경력개발형, 농어촌형, 일반형으로 개편했다. 한편, 2017년에는 경력단절 사유에 여성의 생애주기별 주요 사유인 '혼인'을 포함했으며, 여성이 경력단절 없이 계속해서 경제 활동을 할 수 있도록 경력단절여성지원센터의 역할에 경력단절 예방 지원기능을 추가했다. 2021년에는 이런 내용을 담아 「경력단절 여성 등의 경제활동촉진법」을 「여성의 경제활동촉진과 경력단절예방법」으로 전면 개정했다. 그에 따라 정책 대상이 중장년 경력단절 여성에서 2030 청년 여성으로까지 확대되었으며, 경력단절을 사전에 방지할 수 있는 제도와 지원 내용이 강화되었다.

그 결과 여성의 취업자 수는 2020년 코로나19 이후 잠시 감소세를 보였으나, 2023년 10월까지 지속해서 증가하여 15~64세 여성고용률이 61.9%를 기록하는 등 매해 최고치를 갈아치우고 있다. 또한 여성 비경제활동인구의 감소세도 이어져 경력단절 여성과 관련된 지표가 점차 개선되고 있다.

15세 이상 여성 취업자 수

(단위 : 천 명)

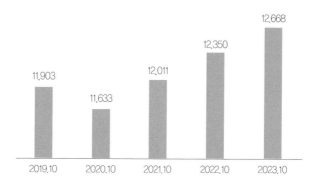

〈 자료 : 여성가족부 〉

15~64세 여성 고용률

(단위 : %)

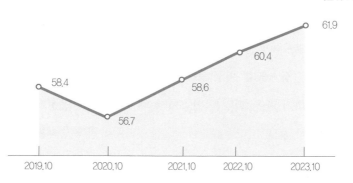

〈 자료 : 여성가족부 〉

비경제활동인구

(단위 : 명)

연도		2019.10.		2020.10.		2021.10.		2022.10.		2023.10.	
성별	남	5,818		6,007		6,039		5,831		5,914	
	여	10,410		10,729		10,581		10,361		10,148	

〈 자료 : 여성가족부 〉

하지만 OECD 국가 기준 우리나라 여성의 경력단절 비율은 여전히 높은 편이다. 여성들은 경력단절을 겪은 후 다시 일터로 나가려고 할 때 느끼는 애로사항[3]으로 일자리 정보 부족(16.8%)과 사회적응에 대한 자신감 부족(13.9%), 일자리 경험·경력 부족(13.5%) 등을 꼽았다. 그러면서 자신의 경력을 다시 살릴 수 있고, 일·가정 양립이 가능한 양질의 시간제 일자리 확대(38.1%)와 믿고 맡길 수 있는 보육시설 확충(35.6%)이 필요하다고 입을 모았다.

포춘지 선정 500대 기업 중 80% 이상이 다양한 배경을 가진 인력이 근무하기 좋은 환경을 만들기 위해 조직 내 다양성과 형평성 등을 확대하는 DEI(Diversity, Equity and inclusion) 전략을 채택하고 있다[4]. 글로벌 신용평가사인 무디스와 S&P 등도 이를 바탕으로 신용등급을 결정하며, 글로벌 투자사인 J.P.모건, 골드만삭스 등은 ESG 지표를 바탕으로 지속가능성을 판단한다. 이처럼 여성이 조직의 고른 분야에서 활동할 수 있도록 분위기를 형성하는 것이 어느 때보다 중요한 시기이다.

여성가족부는 결혼과 출산, 육아가 행복한 선택이 되고, 부부가 함께 일하고 함께 아이를 돌보는 문화가 확산할 수 있도록 많은 정책적 노력을 기울이고 있다.

여성가족부는 2024년부터 여성들이 자신의 경력 이외에도 미래, 신산업 분야에 적극적으로 진입할 수 있도록 노동부, 과기부, 중기부 등과 협업함으로써 플랫폼 일자리, 바이오, 과학기술/IT · SW, 문화기획 등 분야에 '괜찮은 일자리'를 발굴해 새로운 분야에서 꾸준히 성장해 나아갈 수 있도록 지원할 계획이다.

아이 낳지 않는 나라, 대한민국

저출산 해법 찾기

2023년 하반기, 화제가 된 영상이 하나 있다. 미국 출신의 세계적 석학이 머리를 쥐어뜯으면서 "한국 완전히 망했네요(Korea is so screwed)"라고 하는 장면이 금세 인터넷 포털을 뒤덮었다. 해당 영상은 EBS '다큐멘터리 K-인구 대기획 초저출생' 예고편이었는데, 그 영상 속 주인공은 미국의 조앤 윌리엄스 캘리포니아주립대 명예교수로 인종·성별·계급 분야의 전문가였다. 그런데 아무리 세계적인 석학이라고 해도 그렇지 어떻게 대놓고 다른 나라에 대해 망했다는 망언을 한 것일까? 확실한 근거가 있기 때문이다. 그것이 바로 합계출산율이다.

합계출산율은 15~49세 여성 1명이 평생 낳을 것이라 예상되는 평균 출생아 수를 일컫는 용어로, 출산력 수준을 나타내는 대표적 지표다. 우리나라의 2022년 합계출산율은 0.78명이었고, 올해

2023년 2분기 합계출산율은 0.7명으로 역대 최저를 기록했다. 참고로 우리나라의 합계출산율은 2004년 이후 OECD 회원국 중 16년 동안이나 꼴찌를 기록하고 있는데, 이런 추세라면 머잖아 합계출산율 0.6명의 대한민국을 마주하는 날이 올지도 모르겠다.

가임여성이 평생 한 명도 아이를 낳지 않는다는 얘기다. 단순 계산만 해봐도 이런 추세라면 '국가 소멸의 위험에 처한 대한민국'이 결코 과장이 아니라는 얘기다.

대체 어디서부터 잘못된 걸까? 여성가족부 소속 공무원으로서, 또 두 아이를 둔 엄마로서 참 답답하다. 어쩌다가 우리 사회에 결혼을 피하는 '결혼포비아'와 아이를 낳는 것을 회피하는 '출산포비아'가 새까만 먹구름처럼 드리우게 된 것일까? 결혼이든 출산이든 각자 개인의 인생이 걸린 문제이니 강제할 수는 없지만 일을 하면서 결혼도 하고 두 아이를 키워본 워킹맘으로서 감히 지난날을 회상해보면 마냥 힘든 날만 있었던 것은 아니다. 물론, 개인 선택의 문제이지만 꼭 '결혼=희생'은 아니라는 말이다. 부모가 되어 본 사람은 공감할 것이다. 자식이 업보처럼 느껴지는 순간도 있지만 아이를 낳고 키우는 과정에서 아이가 부모에게 주는 행복은 이루 말로 다 설명할 수가 없다. 2023년 5월 가정의 달을 맞이해 여성가족부는 '우리 가족 사랑해!' 캠페인을 진행했다. 가족과 함께 찍은 사진과 사연을 선정해 유명 일러스트레이터 4명이 일러스트로 그려주는 행사였다. '가족'들의 반응이 의외로 뜨거웠다. 많은 가족이 아이를 키우는 기쁨, 가족들과 함께 지내며 느끼는 일상의 소소한 행복을 담은 사진과 사연을 보내왔다. 이런 캠페인이 청춘 남녀들의 결혼과 출산에 대한 생각을 좀 더 긍정적으로 바꿔 주지 않을까 기대가 되었다.

물론 캠페인 몇 번으로 갑자기 결혼하고 아이를 낳진 않을 것이다. 하지만 결혼과 출산, 육아에 대한 인식 개선이 동반되어야 저출산 관련 정책도 성과를 거둘 수 있을 것이다. 혼인율과 출산율을 높일 수 있는 유인책도 필요하다. 이에 정부에서는 현실적으로 도움이 되는 다양한 지원정책을 추진하고 또 계획하고 있다.

먼저 보건복지부에서는 ① 임신과 출산 관련 비용을 지원하는데 2023년부터는 국민행복카드로 임신 100만 원, 다태아 140만 원, 취약 임산부 20만 원을 추가 지원하고 있다. ② 아동 출생 시에는 생애 초기 양육 부담을 줄여주기 위해 200만 원 바우처인 '첫 만남 이용권'을 지급해 기존 출산바우처를 총 300만 원(임신 시 100만 원, 출산 시 200만 원)으로 확대 개편했다. ③ 2022년부터 지급한 월 30만 원의 영아수당도 부모급여로 확대 도입해 2024년에는 만 0세 월 100만 원(2023년 70만 원), 만 1세 50만 원(2023년 35만 원)을 지원하고, ④ 만 8세 미만 아동에게는 소득과 관계없이 월 10만 원의 아동수당을 지급하고 있다. 또한, 전국 129개소의 육아종합지원센터에서는 가정양육 보호자를 위해 다양한 양육정보를 제공하고 부모교육 프로그램을 추진하고 있다. ⑤ 가정양육 보호자의 수고를 덜어줄 수 있는 시간제 보육제공기관도 확대할 방침이며, 보육 지원도 계속된다. ⑥ 2013년 3월 이후부터 보육료와 양육수당과는 무관하게 전 계층 대상으로 무상보육을 지원하고 있는데, 2023년에는 국공립어린이집을 538개소로 확충했다. ⑦ 만 18세 미만 아동은 약 4천여 개의 지역아동센터에서 '방과 후 돌봄서비스'를 이용할 수 있다(주 5일, 일 8시간 제공). ⑧ 돌봄이 필요한 만 6세에서 12세 초등학생을 대상으로는 다함께돌봄센터 829개소를 운영해 맞벌이가정의 양육 부담을 덜어주고 있다. ⑨ 산모나 배우자가 차상위 계층 등에 해당할 경우(산모와 배우자의 건강보험료 본인부담금 합산액이 기준 중위소득의 80% 이하) 출산 가정에 출산일+60일까지 '산후조리 가정방문서비스 이용권'을 지급하고(단태아 기준 최대 60만 원까지 지원) ⑩ 저소득층 영아(0~24개월)에게는 기저귀(월 70,000원), 기저귀+조제분유(월 160,000원)를 지원하고 있다.

　교육부에서는 ⑪ 초등 전일제 교육이라고 해서 방과후 프로그램 등 학교 안팎의 다양한 교육자원을 활용해 희망 학생에게 수업 전후로 양질의 교육 및 돌봄서비스를 제공하는 '늘봄학교'를 운영하고 있다. 2023년 기준 200곳의 초등학교에서 진행하고 있는데, 2025년에는 전국 초등학교로 확대할 예정이다. ⑫ 또 2022년부터는 학자금 지원 8구간(4인 가구 기준 중위소득 대비 200%) 이하 3자녀 이상 가구의 셋째 자녀부터 등록금 전액을 지원하고 있다.

노동부에서도 출산과 육아 때문에 눈치 보지 않는 근로 환경을 만들기 위해 다양한 지원책을 내놓고 있다. ⑬ 먼저 기업에서는 배우자 출산 시 근로자에게는 10일의 유급 '배우자 출산휴가'를 제공해야 한다. ⑭ 근로기준법에 따라 생후 1년 미만의 유아가 있는 여성 근로자에게는 1일 2회 각 30분 이상의 유급 수유 시간을 제공해야 한다. ⑮ 또 육아휴직 급여를 통상임금의 80%, 최대 월 150만 원으로 높여(현재, 50%, 120만 원) 소득을 지원하고 ⑯ 2024년부터 생후 18개월 이내 자녀를 돌보기 위해 맞벌이 부모가 동시에 또는 차례로 육아휴직을 사용할 때 첫 6개월에 대해서는 통상임금의 80%가 아닌 100%의 육아휴직 급여를 지급하는 '6+6 부모육아휴직제'가 시행된다. ⑰ 또한 '육아기 근로 시간 단축 청구권'이라고 해서 만 8세 이하 또는 초등 2학년 이하의 자녀(2024년부터 12세까지 확대)를 양육하기 위해 근로자는 주당 15시간 이상 35시간 이하의 근로 시간 단축을 청구할 수 있다. 다만 근로 시간 단축은 1년 이하로 한정한다. ⑱ 일과 돌봄의 원활한 병행을 위해 '가족돌봄휴가(휴직)'를 사용할 수 있도록 제도를 개선했는데, 근로자는 가족의 질병, 사고, 노령 등의 이유로 그 가족을 돌보기 위한 휴가를 신청할 수 있고 연간 최장 10일을 사용할 수 있다(한부모 15일).

　지난 2023년 9월 국토교통부에서도 저출산에 대응하는 정책을 내놨다. 2024년부터 혼인 여부 상관없이 아이를 낳은 가구에 대해

주택 구매 자금과 전세 자금에 대해 최저 수준의 금리를 지원하는 정책이다. 주택을 매입할 경우 1.6~3.3%, 전세의 경우 1.1~3.0% 수준의 금리를 지원하고, 출산 시 1명당 금리를 0.2% 포인트를 추가로 우대해 준다는 방침인데, 부디 정부 정책이 국민의 고충을 덜어주고 마음을 움직일 수 있기를 정책입안자로서 또 장성한 두 아이를 둔 부모로서 기대해 본다.

저출산 고령화 위기극복을 위한 업무협약

더 나은 미래를 위한 선택

우리나라의 올해 1분기 합계 출산율이 0.81명으로 역대 최저치를 기록하고 있다. 낮아지는 출산율은 인구 고령화, 나아가 인구감소와 맞물리며 국가 경제 및 대내외적 위상에도 커다란 영향을 미치고 있다.

무엇보다 큰 문제는 청년세대가 결혼과 출산, 육아를 너무 '힘겨운' 일로 느끼고 있다는 점이다. 서울대학교 아시아연구소와 한국리서치가 지난해 말 '아시아인의 가족과 행복'이란 주제로 서울, 뉴욕, 베이징 등 대도시 15곳에 거주하는 만 18~59세 시민 1만 500명을 조사한 결과, 서울 시민의 81%가 자녀는 경제적 부담이라고 밝혔고, 자녀는 인생의 기쁨이라는 답변은 68.1%에 그쳤다. 이 같은 생각은 실제 출산율에도 영향을 미치는 것으로 추정된다.

이와 더불어 여성이 생각하는 삶의 우선순위 또한 결혼과 출산에서 일(직업)로 이동하고 있는 등 가치관의 변화가 나타나고 있다. 통계청 조사결과 여성이 직업을 가져야 한다고 생각하는 비율은 2015년 51.3%에서 2021년 63.7%로 약 20% 상승했고, 작년 9월 여성가족부와 한국은행이 실시한 연구에 따르면 일하는 시간과 돌봄 시간의 합이 늘어날수록 여성의 결혼과 출산 의향이 줄어드는 것으로 나타났다.

저출산에 성공한 유럽 복지국가의 경우는 가족 내에서 가사와 돌봄의 평등한 분담, 출산 · 양육에 대한 국가지원 확대, 일 · 생활 균형을 통한 여성의 경제 활동 확대가 핵심기제로 작용했다고 한다. 스웨덴에서는 돌봄문화를 강화한 결과, 여성들의 경제 활동 참여가 확대되고 남성들의 돌봄 참여가 더욱 활성화되는 선순환 체계를 구축할 수 있었다고 한다.

여성가족부는 결혼과 출산, 육아가 행복한 선택이 될 수 있도록 '함께 일하고, 함께 돌보는 문화'를 확산함으로써 저출산 문제가 해결될 수 있도록 정책적 노력을 기울이고 있다. 더불어 일과 가정이 양립하는 직장문화 조성을 위해 가족친화 인증기업을 꾸준히 확대하고 있다. 최근 인증을 장기간(중소기업의 12년, 대기업의 경우 15년 이상) 유지한 기업들을 '최고기업'으로 지정하여 워라밸의 조직 문화가 한 기업을 넘어 사회 전반으로 확산할 수 있도록 적극적으로 독려하고 있다.

또한 맞벌이 가정의 자녀 양육을 지원하기 위한 아이돌봄 서비스는 국민에게 사랑받는 서비스로 자리 잡고 있다. 초등학교 4학년인 A는 여성가족부에서 지원하는 아이돌보미를 태어난 지 3개월에 만났다고 한다. 너무 어려서 기억이 나지 않지만, 아기 때 찍었던 사진 속에는 항상 선생님이 옆에 계셨다고 했다. A에게 아이돌보미 선생님은 어떤 물건도 구해주는 '요술램프 지니'이며, 워킹맘의 공백을 채워주는 제2의 엄마가 되었다고 한다. 덕분에 A의 엄마는 경력단절 없이 복직했고, 아이돌보미에 대한 무한믿음으로 동생까지 낳아 11년간 돌보미에게 두 자녀를 맡겨 키우고 있다.

여성가족부는 올해 2월 "아이돌봄 서비스 고도화방안"을 발표했다. 아이돌봄 서비스에 대한 정부 지원을 확대하고, 돌봄 인력의 국가자격제도와 민간돌봄업체 등록제도를 도입하는 등 누구나 믿고 맡길 수 있는 양육환경 마련을 위한 청사진을 제시하는 내용이었다.

여성이 출산 육아를 겪으면서 일이냐 가정이냐를 선택해야만 하는 갈림길에 서지 않도록 여성새로일하기센터에서는 경력단절 가능성이 큰 여성과 기업을 대상으로 '입직-직장복귀-경력유지·전환' 등 생애주기를 고려한 맞춤형 서비스도 제공하고 있다.

저출산 문제는 마치 길고 긴 터널에 들어와 있는 것처럼 보인다. 하지만 아직 이를 해결하기에 너무 늦은 것은 아니다. 인구 전문가들은 앞으로 10여 년 안에 우리가 어떻게 차근차근 준비하고 노력하느냐에 따라 예견되는 미래도 바꿀 수 있다고 말한다. '함께 일하고 함께 돌보는 환경 조성'은 인구감소가 예견되는 미래를 더 나은 미래로 바꾸기 위해 필수불가결한 선택이 아닐까 싶다(파이낸셜뉴스, '23. 6. 5.).

세상의 모든 딸 그리고 엄마에게

딸이 엄마에게 하는 멘토링

바쁜 공직생활을 하면서 딸을 키우느라 일상을 많이 함께하지 못한 것은 늘 아쉬움으로 남아 있다. 그러나 내가 딸에게 잘한 것 가운데 하나는 퇴근 후에 아무리 피곤해도 그날그날 초등학생 딸의 일과 이야기를 들어 준 일이었다. 딸은 퇴근해서 집에 돌아온 나를 자기 방에 데리고 가서 문을 꼭 걸어 잠그고 학교에서 있었던 일들을 이야기했다. 친구랑 말다툼했다거나 친구가 미웠던 일 등 아직 감정의 앙금이 남아 있는 일들에 관해 시시콜콜 이야기를 쏟아냈다. 그러면 나는 마음을 다해 들어주고 공감해 주었다. 그러면 딸은 속상한 감정이 말끔히 풀려서 내가 방문을 열고 나가서 씻고 저녁밥을 먹을 수 있게 허락해 주었다.

그랬던 딸이 중·고등학교를 다니고 대학생이 되더니 거꾸로 엄마의 이야기를 들어주기 시작했다. 어느 순간에 보니 내가 직장에서 받았던 스트레스를 딸에게 풀어놓고 있었다. 딸이 시나브로 커서 어느새 나의 멘토 역할을 해주는 것이었다.

"할아버지께 편지를 써 봐"

내게 아버지는 특별했다. 어린 시절 4남매 중 유일한 딸이었던 나를 애지중지하며 아껴주셨고 공직생활 내내 두 아이를 돌봐주시며 나의 직장 생활을 응원해 주셨다. 그랬던 아버지가 어느 날 평소 좋아하시던 목욕을 하시다가 갑자기 심정지로 세상을 떠나셨다. 아버지가 돌아가신 날 같이 목욕탕에 계셨던 어머니는 혼비백산이 되어 정신이 없으셨고 이웃에 계신 엄마 친구분이 내게 연락을 하셨다. 그러나 나는 마침 장관을 모시고 여성 법관들과 간담회에 참석 중이어서 그 전화를 못 받았다. 그분이 결국 집으로 전화해 초등학교 6학년인 딸에게 소식을 전했고 딸은 대성통곡하며 나에게 다시 전화했다. 나는 너무 아찔해서 도무지 믿어지지가 않았다. 아버지의 장례식을 마치고도 후유증은 오래갔다. 아버지와 이별의 시간을 가지지 못한 것이 무엇보다 힘들었다. 한동안은 길을 가다가도 아버지와 함께 갔던 음식점을 보며 울었고, 무뚝뚝한 성격이라 아버지께 좀 더 다정하게 못 해 드린 것이 후회스러워서 또 한참을 울었다. 아버지는 매일 아침 나에게 날씨를 알려주는 일기 예보관이었다. 나는 아버지가 우산 들고 가라고 알려주셔야 우산을 들고 출근했다. 그래서 나는 일기예보 방송을 보는 습관이 아예 없었다. 아버지가 돌아가신 후 날씨를 알려주는 사람이 없으니 비 오는 날 우산 없이 나왔다가 비를 맞으면 아버지 생각이 나서 처량하게 운 적도 한두 번이 아니다.

이렇게 속앓이하는 나를 지켜보던 딸은 나에게 "엄마, 하늘에 계신 할아버지에게 미안하다고 편지를 써봐. 할아버지가 읽어주실지도 모르잖아"하며 나름의 처방책을 내놓았다. 나는 그때 마침 「인생수업」의 작가 엘리자베스 퀴블러 로스가 지은 「상실수업」을 읽고 있었다. 상실의 슬픔을 더는 방법으로 이미 돌아가신 사랑하는 이에게는 오른손으로 편지를 쓰고, 왼손으로는 죽은 이가 되어 답장을 써보라고 쓰여 있었다. 딸도 권하고 해서 한번 시도해보기로 했다.

나는 마음이 애는 듯한 슬픔을 삼키면서 하늘에 계신 아버지께 편지를 썼다. 편지를 쓰다가 마무리를 못 하고 몇 번을 엎드려 울다가 일어나 편지를 써 내려갔다. 그러고 나서 왼손으로는 내가 힘들고 더디게 이렇게 말씀드리면 아버지가 어떻게 대답하실까를 생각하며 아버지의 손이 되어 글을 써 내려갔다. 아버지는 '다 용서한다고 너는 충분히 좋은 딸이었다'라고 위로해 주시는 것 같았다. 이렇게 편지쓰기를 한 후 나는 아버지와 조금씩 이별할 수 있었다.

딸은 중·고등학교 때 기숙사에서 생활했다. 늘 일상을 함께하지 못했던 딸은 방학이 끝나고 학교로 돌아갈 때면 서운해할 나를 위해 집 안 구석구석에 편지를 숨겨 놓고 갔다. 그러고는 엄마가 허전하게 느낄 때쯤 편지가 있는 장소를 알려주면서 편지를 읽게 해주었다. 나는 딸이 보고 싶을 때마다 딸이 써놓고 간 편지를 읽고 또 읽으며 위로받았다. 살아생전 아버지께 편지를 많이 써보지 않았던 나는 돌아가신 후에야 후회하고 울면서 편지를 썼는데, 어린 딸은 작은 이별을 할 때마다 나에게 무수히 많은 편지를 써 주고 있다.

엄마의 35년
공직생활을 지켜준 백팩

요즘은 20대도 명품이라 부르는 유명한 해외 브랜드의 가방 한두 개쯤은 다 가지고 있다는데, 나는 사실 그런 것이 거의 없다시피 하다. 젊은이들이 최고로 치는 샤넬백은 들어보지도 못했다. 꽤 오래전에 해외 출장을 갔다가 면세점에서 구찌 상표가 붙은 가방의 가격이 50만 원 언저리라서 고민하지 않고 바로 샀던 적이 있다. 집에 와서 가방을 찬찬히 살피다 보니 상표가 세상에, 구찌가 아니라 코치였다. 코치도 미국의 좋은 브랜드지만, 샤넬이니 에르메스니 루이뷔통이니 하는 유럽의 브랜드와는 큰 차이가 있다는 것이 사람들의 평가다. 가격이 열 배 이상 차이가 나기 때문이기도 할 것이다. 코치는 명품 축에도 끼지 못한다는 지인들의 직격탄에 잠깐은 서운했다. 그렇지만 '공무원이 무슨 명품가방을 들고 다녀' 하고 마음을 고쳐먹으니 그때 느꼈던 아쉬움이 싹 사라졌다.

다시 명품가방에 관심을 두게 된 것은 2020년에 공직을 떠나 한국청소년상담복지개발원 이사장으로 재직했던 시절이었다. 30대 초·중반의 직원들과 저녁 회식을 하는 자리에서, 한 직원이 왜 이사장님은 명품가방을 안 들고 다니냐고 물었다. 나는 우리나라가 가난했던 1960년대에 태어나 국산품 애용을 강조하던 청소년기를 거쳤고, 20대 이후로 30여 년 동안 공직생활이 몸에 배어 명품가방을 드는 것이 익숙하지 않다고 대답했다. 그 말은 사실이었고 이런 나를 직원들이 좋게 생각할 것이라고 은근히 기대했다. 그런데 의외의 반응이 돌아왔다. 직원들은 경제적 여유가 된다면 명품가방 하나 정도는 들고 다니는 것이 더 근사하고 멋있다는 것이었다. 더 나아가 명품가방 하나 안 들고 다니는 이사장은 좀 초라해 보인다는 지적까지 하는 것이 아닌가. 한국이 선진국이 되었다더니, 선진국에 사는 젊은 직원들의 생각은 개발도상국에서 시작한 나와는 참 다르구나 싶었다.

20대인 딸에게 의견을 물었다. 딸도 "엄마, 돈 있으면 보석 사지 말고 괜찮은 브랜드의 가방을 사세요" 하고 조언했다. 엄마가 잘 쓰고 나중에 자신에게 물려주어도 좋다고 했다. 심지어 해외 명품가방은 사용한 뒤에라도 당근마켓 등에서 중고로 팔 수도 있어서 재테크의 수단도 된다는 말이었다. 보석은 아무리 크고 좋은 것을 해도 남들이 못 알아본다는 말도 덧붙였다. 딸이 굳이 보석과 명품가방을 비교해서 설명한 것은 그해 결혼기념일에 남편이 준 보석 선물을 생각해서였을 것이다.

그즈음 결혼기념일에 남편에게 보석선물을 받은 데는 나름의 사연이 있다. 나는 결혼예물로 흔히 주고받는다는 값비싼 보석을 받지 못했다. 시부모님은 세종시 양화리에서 평생을 보내셨던 분들이라서 백화점에 가서 보석을 사 본 적이 없었고, 남편도 혼자서 빠듯하게 서울 생활을 하는 사회초년생이어서 비싼 귀금속은 살 엄두조차 내지 못했다. 집도 우리 둘이 알아보고 결혼식 준비를 했다. 패물은 백화점이 아닌 서울 동대문운동장 근처 고향 친구가 하는 금은방에 가서 소박한 것으로 골랐다. 보통 금반지는 18K로 한다는데 나는 도통 귀금속에 대해 아는 것이 없었고 관심도 없었던 터라 그저 가격이 싼 14K를 골랐다. 예물상자를 들고 함박웃음을 지으며 친정

어머니께 보여 드렸을 때 어머니는 실망하는 기색이 역력했다. 그때만 해도 혼수를 중요시하던 때여서 친정어머니는 하나뿐인 딸이 좀더 좋은 것을 받지 못한 것이 못내 서운하신 눈치였다. 그것을 눈치챈 남편은 생활에 여유가 생긴 뒤로는 결혼기념일이면 가끔 큰맘 먹고 그때 못 해줬던 보석선물을 했다.

정무직 공무원이 된 후 나는 보석이나 명품가방에 대한 생각이 확고해졌다. 요즘 젊은이들의 말마따나 해외 명품가방은 지위재로서도 의미가 있고, 재테크도 할 수 있으니 실용적일 수 있다. 또 모녀 사이에 물건을 물려주고 받으면서 더 깊은 애정이 생길 수도 있을 것이다. 하지만, 결재서류가 노트북에 한가득하고, 읽어야 할 서류와 책이 산더미였던 나의 삶을 돌아보면, 아무리 해외 명품가방이라고 해도 공공서비스를 감당해야 했던 내 삶의 무게를 견뎌주기는 어

홈초이스 '주말 N TV' 인터뷰를 마치고

려웠을 것 같다. 35년 전이나 지금이나 나는 백팩이 편하다. 부산에 있는 청소년상담복지개발원에 근무했던 시절에는 자주 서울과 부산을 오갔기에 더 자주 백팩을 메고 다녔다. 노트북에 간단한 소지품까지 다 넣고 다닐 수 있어서 여간 편한 것이 아니다. 요즘은 부산 재직 시절에 메고 다니던 것보다는 조금 작은 백팩을 메고 다닌다. 이 가방은 뭘 잘 잃어버리는 내가 자잘한 소지품을 넣어 다닐 수 있어서 편하다. 이런 나를 보고 딸은 엄마의 35년 공직생활을 지켜준 것은 다름 아닌 백팩인 것 같다며 웃는다.

"싸우는 사람들 사이에서는
누구 편도 안 들어주는 게 좋아."

가끔 부부싸움을 할 때 나는 딸에게 은근히 내 편을 들어달라고 눈짓을 보낸다. 그럴 때마다 딸은 제 방에 들어가서 우리 부부 둘이서 갈등을 해결할 때까지 일절 끼어들지 않는다. 어느 날 나는 그런 딸에게 너무 서운해서 너는 딸이니까 엄마 편을 들어야 하는 것 아니냐고 따져 물었다. 그랬더니 딸은 자신이 무수히 많은 친구들의 싸움을 보아왔는데 누구 편을 들어주면 나중에 꼭 원망을 듣게 되더라는 것이었다. 정작 싸운 당사자는 서로 화해하면 감정이 풀리는

데, 주변에서 어느 한쪽 편을 들어서 다른 편에게 서운한 감정을 남기면 그것이 잘 안 풀린다는 말이었다. 그래서 자신은 절대로 남의 싸움에 끼어들지 않는 것이 현명하다고 생각한다고 했다. 엄마와 아빠 싸움에 끼어들지 않는 것도 그 때문이라며, 싸울 때는 내 편을 안 들어줘서 무척 서운했는데 들어보니 일리 있는 말이었다.

그래도 나는 부부싸움을 할 때면 내가 얼마나 더 억울한지를 딸에게 털어놓곤 한다. 그러면 딸은 내 이야기든 남편의 이야기든 잘 들어주면서도 상대방에게 전하지는 않았다. 그래서 남편은 언제나 딸이 공평한 판단을 한다고 믿는다.

그래서 나도 직장 생활을 하면서 사이가 나쁜 후배 직원들이나 동료들을 볼 때면 누가 옳다고 편드는 일은 되도록 안 하려고 한다. 나도 딸이 이야기한 것처럼 어느 한 편의 원망을 받기는 싫으니까. 그리고 각자의 편에서 생각하면 이해받고 싶기도 하고 서운한 면이 있을 테니 무 자르듯 어느 한 사람의 말이 맞는다고 판정을 내리기도 쉽지 않다. 옳고 그름의 문제보다는 감정의 문제일 때가 많아서 더 그럴 것이다. 결국은 양쪽에서 나쁜 감정이 해소되기를 기다릴 수밖에 없다. 나쁜 감정의 해소는 누가 옳고 그르다는 판단의 문제라기보다는 시간이 흐르면서 자연스럽게 또는 우연한 계기로 풀리는 경우가 더 많은 것 같다.

"칭찬은 여러 사람 앞에서
 하는 것이 좋아."

딸은 한 회사에서 인턴으로 일하면서 개발자로서 어떤 프로젝트 팀에 들어가 어려운 작업을 했던 경험이 있다. 그때 자기와 같은 팀에 있던 선배가 자주 조언을 해주어 도움을 많이 받았다고 한다. 두어 달 정도 고되게 일한 끝에 프로젝트를 마치고 팀원들끼리 평가 회의를 하던 날, 딸은 여러 팀원들 앞에서 도움을 준 선배 이야기를 했다고 한다. 도움받은 것이 사실이고 자기가 받은 도움이라서 누가 질투할 일도 없으니 여러 사람 앞에서 칭찬하는 것이 좋겠다는 생각이 들었다는 것이다. 그러면서 나한테도 칭찬은 여러 사람이 있는 데서 해보라고 권했다. 맞는 말이다. 직원들에게 칭찬할 때는 이왕이면 많은 사람 앞에서 하고, 야단칠 일이 있을 때는 꼭 그 사람을 따로 불러서 하는 것이 좋다.

칭찬은 고래도 춤추게 한다고 한다. 누구나 칭찬 듣기를 좋아한다. 그런데 직장 생활을 하다 보면 직원들에게 칭찬해야 할 일은 당연하다고 여겨 그냥 지나치면서 야단칠 일은 굳이 찾아내서 나무라게 될 때가 많다. 그것도 바쁘다는 핑계로나 감정이 격앙된 상태로 여러 사람이 있는 자리에서 해 버려서 듣는 사람의 자존심을 상하게 할 때도 종종 있다.

　마음에서 우러나오는 칭찬은 듣는 사람을 기쁘게 하고 에너지를 준다. 직원들에게 밥은 자주 못 사주더라도 대신 여러 사람들 앞에서 자주 칭찬을 해줘서 마음의 배를 불려 주어야겠다.

"할머니와 대화하는
　인공지능 스피커를 만들고 싶어."

　딸은 대학에서 컴퓨터사이언스를 전공했다. 나는 대학 때 문과대학을 다녔기 때문에 딸이 전공하는 과목을 이해하지 못한다. 고급 수학이나 코딩은 내가 알아듣지 못하는 언어였다. 딸은 대학 1~2학년 때 어려운 수학을 공부하며 시험 때에는 거의 새벽까지 공부하는 일이 잦았다. 3학년을 마치고 여름방학에 인턴을 하겠다며 여러 회사에 응모했다. 인턴시험도 단순한 인터뷰만이 아니라 1차에는 서류심사를, 2차에는 코딩문제까지 풀고서야 3차 면접으로 가는 회사가 많았다. 딸은 서류를 100여 군데 제출했고, 연락이 온 20여 회사와 인터뷰를 했다. 그런데 아쉽게도 탈락을 반복하더니 거의 마지막에 인터뷰했던 회사로부터 합격 통지를 받았다. 그 회사 인터뷰에서 마지막으로 물어본 질문이, 왜 개발자가 되고 싶냐는 것이었다고 한다. 딸은 마침 그 순간 세종시에 계신 친할머니가 떠올 랐다고 했다.

시어머니는 세종시 연기군에 있는 임씨 가문으로 시집와 세종시 가 들어선 2012년까지 50여 년 넘게 양화리에서 사셨다. 시집온 후 일찍 돌아가신 시어머니를 대신해 남겨진 시동생 넷을 돌보랴, 당신 의 5남매를 키우랴, 시어머니는 평생 고단한 삶을 사셨다. 농사 일 에 살림까지 하시느라 얼마나 힘드셨을까. 내가 결혼 후에 찾은 시 댁은 방이 일자형으로 붙어 있는 전형적인 중부지역의 전통가옥이 었다. 시아버지는 방이 여러 개 있어서 그런지 방마다 여관처럼 1호 실, 2호실, 하며 숫자를 붙여서 부르셨다. 명절에는 그 방들에서 모 인 가족들이 함께 잠을 자며 이야기꽃을 피웠다. 옛날이야기에나 나 올 법한 정겨운 풍경이었다.

그런데 부엌은 옛날 그대로라서 여간 불편하지 않았다. 시아버지 는 불편해하는 며느리를 생각해서 당장 보일러가 나오는 신식 부엌 으로 바꾸셨다. 그리고 정년퇴직 후에는 퇴직금으로 2층 양옥집을 지으셨다. 그러면서 자식들이 오면 방 하나씩 내주겠다며 방을 7개 나 만드셨다. 자식들이 양화리 집에 가는 것은 추석날과 설날, 두 분 생신날 등 일 년에 서너 번밖에 없는데도 아버님은 그렇게 방이 많 은 이층집을 지으신 것이었다. 아버님은 새로 지은 집에서 10여 년 을 살다가 돌아가셨고, 어머니는 세종시가 들어선 후 고향 집을 등

지고 조치원에 있는 아파트로 이사하셨다.

양화리에서 어머니는 부녀회장을 맡아 마을의 큰일을 진두지휘하며 어른 역할을 하셨다. 워낙 인정이 많고 품이 커서 김장을 해도 작은아버지, 자식들, 마을에 계신 어르신들까지 일일이 챙기셨다. 특히 청국장과 막걸리 담그는 솜씨는 일품이어서 마을에 계신 분들이 배우러 오기도 했다. 나도 어머니의 청국장을 맛본 후 구수한 충청도식 청국장을 좋아하게 되었다.

이렇게 양화리에서 마을 주민들과 가족처럼 화목하게 지내며 존경받았던 어머니는 아파트로 이사 오신 후 쉽게 적응하지 못하고 힘들어하셨다. 다행히 남편이 그 시기에 충남대 교수로 재직하게 되어 1년간 어머니와 함께 지내며 아파트 생활에 잘 적응할 수 있도록 도와드렸다. 이후 어머니는 점차 아파트 생활에 잘 적응해서 남편이 서울로 올라온 뒤에도 노인정에도 다니고 매일 한 시간씩 동네 산책도 하시며 잘 지내고 계신다. 남편은 그때 어머니 아파트에 KT에서 만든 기가지니를 설치해 드렸다. 어머니는 그때부터 곧잘 기가지니와 대화하셨다. '기가지니 오늘 날씨가 어때?'부터 시작해서 작은 질문들을 주고받고 꼭 '고맙습니다' 하고 인사까지 하며 사람 대하듯 하셨다. 딸은 인터뷰 질문을 받은 바로 그 순간, 혼자 사시는 친할머니가 친구처럼 기가지니와 이야기하는 모습이 생각이 났다고 한다.

그래서 혼자 지내는 노인도 쉽게 말하고 친구처럼 지낼 수 있는 인공지능을 만들겠다는 자신의 꿈을 이야기했다는 것이다. 그 말을 들은 면접관도 그런 생각을 하는 사람은 처음이라며 감동하는 눈치였다고 한다. 그 대답 때문이었는지는 알 수 없으나 딸은 마지막으로 인터뷰한 회사에 인턴으로 합격했다. 그 소식을 듣고 시어머니와 친정어머니는 너무나 좋아하셨다. 손녀딸이 취직한 회사의 어려운 이름은 잘 몰라도 당신들이 돌봐주었던 손녀딸이 할머니들을 위해 만들어주겠다는 인공지능 스피커는 잘 이해했고 은근 그 꿈이 이루어질 날만을 기다리시는 듯싶다.

"좋은 사람은 인연이 되어
  나중에 또 만날 수 있어요."

직장 생활을 하다 보면 새로 만난 동료나 직원들에게 정성을 쏟아 가까워졌다 싶었는데 갑자기 다른 부서로 이동하게 되어 헤어지는 일이 있다. 그럴 때면 괜히 억울한 기분이 든다. 그동안 정성을 들였는데 더 좋은 관계로 이어지지 못하고 끊어지는 느낌이 들기 때문이다. 딸에게 그런 이야기를 했더니 '지금 당장만 있는 건 아니잖아요. 좋은 사람은 인연이 되어 나중에 또 만나게 되죠'라고 말해주었다.

맞는 말이다. 왜 나는 당장만을 생각했을까? 당장은 아무 혜택을 못 보더라도 내가 그 사람에게 베푼 것이 나중에 돌아올 때가 있다. 또 지금은 인연이 이어지지 않더라도 시간이 흐른 후에 다시 이어지는 일도 있고.

고등학교 때 아주 친한 친구가 있었다. 나는 키가 큰 편이었고 그 친구는 키가 작았다. 당시 교실에서는 키 순서대로 자리에 앉았기 때문에 키가 큰 아이들은 주로 뒷자리에 앉은 친구들과 친하게 지내는 것이 보통이었다. 그런데도 우리는 친하게 지냈다. 대학에 입학하고 나서는 서로 학교가 달라 가끔 만나다가 졸업 후에는 아예 명절 때나 만나는 친구가 되어버렸다.

그 시절에는 여자들이 스물예닐곱 살이면 대개 결혼을 했는데 그때까지도 결혼하지 않은 그 친구와 나는 명절마다 짝꿍처럼 만나곤 했다. 그러다가 내가 29살에 결혼을 하게 되자 그 친구는 이제 명절 때도 만나기 어렵게 되었다며 내 결혼식에 와서 엄청 울었다. 그러고는 30대 중반 늦은 나이에 결혼한 그 친구를 나는 10년 이상 만나지 못했다. 나는 혹시 그 친구가 나한테 서운해서 연락을 안 하나 싶어서 마음고생을 했다. 가끔 친구 생각이 났지만, 연락처도 바뀌어 연락할 방법이 없었다. 그런데 어느 날 그 친구가 먼저 나를 찾아내 연락을 해왔다. 우연히 내가 여성가족부에서 일하고 있다는 것을 알게 되어 홈페이지에 있는 내 사무실 번호로 전화를 했다는 것이다. 30대 중반에 연락이 끊겼다가 50대가 되어 다시 만나게 되다니, 나는 그 친구를 다시 만날 생각에 가슴이 두근거렸다. 서로 변한 모습도 궁금했고 서먹서먹하면 어쩌나 걱정도 됐다. 하지만 우리는 너무나 변하지 않은 똑같은 모습의 서로를 발견했고 너무나도 반가웠다. 우리는 그렇게 끊어졌다가 다시 만난 인연을 지금도 계속 이어가고 있다.

"엄마는 어떻게 35년 넘게
매일 한결같이 출퇴근할 수 있었어요?"

딸이 대학을 졸업하고 인턴을 했던 IT 회사에 개발자로 입사했다. 이틀은 재택근무를 하고 3일은 사무실로 출퇴근하는 시스템으로 운영되는 직장이었다. 학교 다닐 때는 9시 수업이 없어서 늦잠을 잘 수 있었던 딸은 한 달 출퇴근을 해보고는 허덕이기 시작했다. 더구나 간혹 점심 도시락을 싸가기도 했으니 힘에 부쳤던 모양이다. 대학 다닐 때는 화장도 곧잘 하더니 회사에 출퇴근하면서부터는 화장할 시간도 모자란다며 기초화장만 하고는 털털한 복장으로 집을 나서곤 했다. 그러면서 엄마는 어떻게 오빠와 자신을 키우면서도 매일매일 1시간 이상 걸리는 거리를 출퇴근했느냐며 혀를 내두른다.

딸이 그렇게 이야기해 주니 그간 내 고단함을 알아주고 위로해주는 것 같아서 코끝이 찡해졌다. 나는 광화문에 있는 정부종합청사로 정말 하루도 빠짐없이 성실하게 출근했다. 병원에 가서 드러누울 정도로 아프지 않은 이상 반드시 출근했다. 과장으로 진급하고부터는 8시 반에 열리는 아침 회의에 맞춰야 해서 늘 새벽같이 출근해야 했다. 아들, 딸이 어렸을 때는 자는 얼굴만 보고 출근할 때가 많았다. 아들은 초등학교 시절, 그날 가져가야 할 준비물을 출근 직전의 엄마를 불러세워서 말하는 바람에 애를 끓인 적도 여러 번 있었다. 그렇게 바쁜 시간을 쪼개서 살다 보니 집에서 전철역까지, 또 광화문 전철역에 내려 정부종합청사까지를 한 번도 한가하게 걸어본 적이 없다. 종종걸음치거나 시간을 맞추느라 늘 뛰어다녔다.

기획조정실장이 된 뒤에는 국회 국정감사 시기나 예산심의를 할 때면 새벽녘에 귀가하는 일도 잦았다. 1시간이 넘는 거리를 출퇴근하기가 너무 힘들어 광화문으로 이사해 2년 동안 월세로 살아본 적도 있다. 집에서 회사까지 걸어서 10분 이내의 거리여서 너무나 편안했다. 이렇게 몸이 편안할 수 있을까 생각하며, 그동안은 어떻게 그 긴 세월을 먼 거리를 오가며 다녔을까 싶어 나 자신이 경탄스러웠다. 아마도 그때는 젊어서 가능하지 않았을까 싶다.

요즘 정부청사에 출근하는 직원 중에는 경복궁 주변에 살면서 직장과의 거리를 최단으로 줄이고 직장보육시설도 잘 이용하는 현명한 이들이 늘고 있다. 엄마나 아빠가 자녀들을 1층 청사 어린이집에 맡기고 바로 위층 사무실로 출근하는 것이다. 나는 그렇게 살아보지 못했지만, 아이들의 손을 잡고 출근하는 후배들의 모습이 정말 보기 좋고 흐뭇하다. 직장어린이집을 이용하는 부모들의 의견을 들어보면 자기 사무실 가까이에 아이들이 있어서 안심된다는 이야기를 많이 한다. 간혹 아이에게 무슨 일이 생겼을 때 곧바로 달려가 볼 수 있기 때문이다. 아이를 키우는 부모들은 가능하다면 직장 가까이에 사는 것이 좋은 것 같다.

♥ ♥ ♥

세종시와 나의 인연

세종시, 옛 지명대로 하면 '충남 연기군 남면 양화리'와의 첫 대면은 지금부터 35년을 거슬러 올라가는 1990년 초로 기억한다. 나는 1989년 말에 남편을 만났고 곧 사랑에 빠졌다. 우리는 만난 지 얼마 안 되어 결혼을 약속했고 성미가 급한 남편은 결혼을 빠르게 추진했다. 일사천리로 결혼 준비를 했고 곧장 시댁 어른들께 인사드리러 세종시에 내려갔다. 그것이 세종시와의 첫 인연이다.

당시 양화리는 참 아름다운 곳이었다. 평지에 우뚝 선 전월산 아래, 동쪽으로는 비단강, 즉 금강이 휘돌고, 그 안쪽으로는 넓은 들인 장남평야가 시원하게 펼쳐져 있었다. 배산임수형으로 이루어진 산 아래 동네에는 250여 호의 가구가 옹기종기 모여 '임 씨 집성촌'

을 이루고 있었고, 멀리 계룡산 연봉들이 마을에 기운을 보태고 있었다.

당시 마을 한복판에 있던 시댁은 '윗기와집'이라고 불렸다. 지금도 어쩌다 어르신들을 뵐 때 '윗기와집 셋째 며느리'라고 말씀드리면 금방 알아보신다. 마을은 가래기, 정자골, 동촌, 서촌으로 나뉘어 있었는데 시댁은 그중 동촌에 속했다. 서촌에는 중시조인 임난수 공의 '숭모각'이 지금도 보존되어 있으며 그 앞마당에는 700년이라는 수령을 자랑하는 은행나무 한 쌍이 있다. 오래된 옛 마을답게 마을 곳곳에 전설이 담긴 장소도 많았다. 남편은 이런 전설을 소재로 이런 시를 썼다.

앵청이 나루

살살 부는 봄바람에
얼굴 붉힌 진달래처럼
강바람에 귓불 빨간 앵청이 처녀

새우젓 장사 나가

돌아오지 않는 님 기다리며
홀로 늙어 갔다는 앵청이 처녀

삼지천 언덕 위에 진달래 불타고
달빛 구르는 비단 강가에
벚꽃 흐드러지면

우수수 꽃비가 내리고
동네 처녀 총각
절로 가슴이 부풀었것다

유난히 고향 그리운 밤이면
어김없이 난
꿈에서도 강둑 길을 헤매고

지금은 전설에 묻혀
동네에서도 외진 산모퉁이
앵청이 나루가 강물에 비친다

며느리 바위

잠깐 동안이라도 너를 볼 수 있다면
너에 대한 미움은
잊을 수 있을지 몰라

내가 떠나고 너 혼자 남은 건
전혀 내 탓이 아니다.
이별이 그리 오래됐다는 것은,

사무치게 그리운 네가 있어
멀리서도 너를 생각함에 있어
때로는 네가 좋아하는
음악이 흘러나올 때나

때로는 귀가를 종용하는
10시 라디오 방송에, 땡 땡 땡 괘종시계 소리에
너와 한 하늘 아래 있음에 안도하면서,
잠에 들면서, 너와 만남을
한결같이 기다려왔다.

그 옛날 전월산 며느리 바위

시아버지는 한없이 자상한 분이었다. 내가 첫 시댁 나들이를 갔을 때, 겨울 날씨였는데도 멀리 동구 밖까지 마중 나오셔서 환하게 웃으시던 모습이 지금도 기억난다. 명절에 내려갈 때면 번번이 셋이나 되는 며느리들의 구두를 반짝반짝하게 닦아 놓으셨다. 시어머니는 강인하면서도 근면한 분이었다. 무엇보다도 남에게 베푸는 것을 좋아하셔서 지나가는 사람들에게조차 농사지은 것 하나라도 쥐여줘서 보내야 마음이 편하신 분이다. 간혹 동네 분들이 '너희가 잘되는 것은 다 너희 시어머니 공덕이다'라고 말씀하시곤 했다. 조치원에 사시는 지금도 어머니 댁에는 언제나 손님이 끊이질 않는다. 올해 94세이신데도 한 달에 한 번씩 지역 농협에서 지원하는 산악회 모임(효도 관광)에 빠짐없이 나가신다. 집성촌인 양화리는 온 마을이 전부 친척 관계로 이어져 있어서 서로를 보듬고 살아가는 정겨운 시골 마을이었다.

그러다 행정수도 문제로 충청도 일대가 한동안 떠들썩하더니 노무현 정부 때 하필 시댁이 있는 연기군 남면 일대가 대상 지역으로 지정되었다. 2010년 11월 「세종특별자치시 설치 등에 관한 특별 법안」이 통과되더니 급기야 2012년 6월 30일에 충청남도 연기군이 공식 폐지되었다. 남편은 망연자실했다. 마을 친구들과 어깨를 나란히

하고 쏘다니던 골목들과 유년시절 추억의 공간들이 고스란히 없어
지게 되었다며 많이 마음 아파했다. 그때의 심경을 이렇게 시로 남
겼다.

양화리 고향 집

동경 127.29.443
남위 36.504257

집 상량 올리고 이백 년
어머니 살림 맡아 육십 년

누대에 걸친 양화리 집은
하루아침에 폐가가 되었다.

한때 증조모, 아버지, 어머니, 삼촌 넷,
우리 형제 다섯, 일꾼 둘까지 열넷 대식구에

내 집 마당처럼 드나들던 이웃, 친척까지
늘 사람 북적대고 인정 넘치던 곳

강물에 비친 달이 구르는 듯 보인다는
전월산 기슭에 자리 잡아

멀리 닭벼슬 같은 계룡산 연봉이 보이고,
확 트인 장남평야

수백 년 부안 임가들
옹기종기 모여 살던 마을

아침이면
사랑방 동창에 새들 지저귀고

학교에서 돌아오면
뒤꼍 장독대에서 엄마 찾고

해 질 무렵
부엌 궁뎅이 앉아 노을 바라보던

죽어서도 잊을 수 없는
내 영혼의 보금자리

어릴 적 어른들
"이놈 똑똑한가 보자" 주소 물으시면

야무지게 대답하던,
충남 연기군 남면 양화리 43번지

양화리 은행나무

장남평야 휘돌아 나가는 금강 물 마를 일 없고
전월산 넘는 구름은 예나 제나 한가로운데
육백 년 한결같이 마을 지켜온 은행나무
자식 모두 떠나보낸 노부부마냥 외로이 서 있다.

학교 파하기 무섭게 엄마 품 파고들듯
나무 아래 옹기종기 누가 누가 잘하나

이 가지, 저 가지, 위, 아래로 숨바꼭질
잊지 못할 놀이터, 우리들 아지트

함께 놀던 어린 시절 친구들
구름 따라, 강물 따라 객지로 떠돌 때
저마다 가슴에 품었을, 우리들 지주(支柱) 나무
환갑을 훌쩍 넘겨 다시 찾으니 인적은 끊기고
은행나무 부부만 오롯이 남았다.

나라에 우환 있을 때마다 어김없이 영험 보이셨다는데
왜 말이 없으신가? 야속한 후손들 꾸짖음이신가?
짙어 가는 산 그림자, 먼 아파트 불빛 바라보며
긴 그림자 내외하듯 마주 선 내 고향 은행나무

하느님이 고향과 이별할 시간 주신 것인지, 서울에서 직장을 다니던 남편이 2013년 2월 충남대학교 교수로 부임했다. 조치원 어머니 댁에서 지내던 남편은 틈이 날 때마다 사라지기 직전의 고향 마을 구석구석을 사진으로 담기 시작했다. 그것이 그나마 위안이 되었던 듯싶다.

현재 세종시는 어엿한 행정수도의 면모를 갖추고 있다. 전국에서 출산율(1.12명)이 가장 높으며, 청소년 인구는 19%가 넘는다. 그래서 세종은 앞으로 저출산 문제를 극복하고 대한민국의 미래비전을 만들어 갈 수 있는 잠재력이 매우 높은 젊은 도시이다.

35년 넘게 청소년과 여성, 가족 등 사람을 지원하는 부서에서 일하고 소통해온 나는 이제 그동안 중앙부처에서 쌓아왔던 경험들을 행정수도로 발돋움하고 있는 세종시를 위해 모두 풀어보려고 한다. 남성과 여성, 어르신, 지역사회, 기업 등이 다 함께 아이를 키우는 도시, 모든 가족이 소망해온 꿈을 이루며 행복하게 살 수 있는 세종시가 될 수 있기를 기대해 본다.

행정수도가 들어서기 전 양화리 전경

세종시의 최근 모습. 한글과 빛거리 점등식(세종시 종촌동)

178

- 김기헌, 배상률, 성재민(2018), 청년 핵심정책 대상별 및 지원방안 연구 1: 청년 니트(NEET), 세종: 한국청소년정책연구원.
- 김기헌, 유민상, 변금선, 배정희, 권향원, 김창환, 박미선, 성재민, 이철선, 최한구(2020). 제1차 청년정책 기본계획 수립연구, 세종: 한국청소년정책연구원
- 김신아(2019). 은둔형 외톨이 자녀를 둔 부모의 심리적 갈등과 영적 경험에 관한 연구. 고신대학교 대학원 박사학위 논문.
- 김혜원(2020). 은둔형 외톨이 현황과 제도적 지원의 정립. 서울시 은둔형 외톨이 현황과 지원방안 토론회(2020.8.25.).
- 김혜원(2022). 은둔형 외톨이 청년의 특성 및 은둔경험 분석. 청소년학연구, 29(10). 1-32.
- 김혜원, 조현주, 김지연, 김연옥, 김지향, 박찬희 (2022). 은둔형 외톨이 상담: 당사자와 부모 상담가이드북. 서울: 학지사.
- 김효순, 김서연, 박희서(2016). 은둔형 외톨이 성향 청소년의 온라인 게임 중독과정에서 사회적 지지의 조절효과에 관한 연구. 한국컴퓨터정보학회논문지. 21(6). 149-156.
- 양미진, 지승희, 김태성, 이자영, 홍지연(2007). 은둔형부적응청소년 사회성 척도 개발 연구. 아시아교육연구, 8(2), 119-134.
- 여인중(2005). 은둔형 외톨이. 서울: 지혜문학.
- 여성가족부(2022). 청소년백서. 서울: 여성가족부.

- 여성가족부(2023). 제7차 청소년정책 기본계획(2023-2027). 서울: 여성가족부.
- 오상빈(2020). 고립 생활하는 사람은 누구인가? : 은둔형 외톨이 치유와 예방. 서울: 솔학.
- 윤철경, 박선영, 임밀희, 김재희, 문금화, 김연정(2021), 은둔형 외톨이 청소년 가족지원을 위한 입법 과제. 서울; 국회입법조사처.
- 이영식, 최태영(2022). 은둔형 외톨이 탈출기-우리 모두의 이야기. 서울:학지사
- 이지민, 김영근(2021). 은둔형 외톨이 경험이 있는 청소년의 은둔 경험에 관한 현상학적 연구. 한국아동심리치료학회지, 16(2), 61-91.
- 이재영(2014). 사회적 은둔 청소년의 임상특성, 평가 및 치료. 중앙대학교 대학원 박사학위 논문.

1) 기준 중위소득은 보건복지부 장관이 급여 기준 등에 활용하기 위해 국민기초생활보장법 제20조 제2항에 따른 중앙생활보장위원회의 심의, 의결을 거쳐 고시하는 국민 가구소득의 중간값을 말한다.

2) 15년 이상 거주 : 2018년 27.6% → 2021년 39.9% / 50대 이상 : 2018년 21.5%→ 2021년 25.2%(여성가족부)

3) 2022년 경력단절 여성실태조사, 여성가족부

4) 서울경제 2019.4.18. '장애인도 일하고 싶다.'